财政税收工作精细化管理策略研究

孔秀美　著

经济日报 出版社

北京

图书在版编目 (CIP) 数据

财政税收工作精细化管理策略研究 / 孔秀美著 .

北京 : 经济日报出版社 , 2025. 6.

ISBN 978-7-5196-1591-8

Ⅰ . F810

中国国家版本馆 CIP 数据核字第 2025VK7595 号

财政税收工作精细化管理策略研究

CAIZHENG SHUISHOU GONGZUO JINGXIHUA GUANLI CELÜE YANJIU

孔秀美　著

出版发行: *经济日报*出版社
地　　址: 北京市西城区白纸坊东街 2 号院 6 号楼
邮　　编: 100054
经　　销: 全国各地新华书店
印　　刷: 武汉怡皓佳印务有限公司
开　　本: 710mm×1000mm　1/16
印　　张: 12.5
字　　数: 196 千字
版　　次: 2025 年 6 月第 1 版
印　　次: 2025 年 6 月第 1 次印刷
定　　价: 72.00 元

本社网址: **www. edpbook. com. cn**, 微信公众号: 经济日报出版社

请选用正版图书, 采购、销售盗版图书属违法行为

版权专有, 盗版必究。本社法律顾问: 北京天驰君泰律师事务所, 张杰律师

举报信箱: **zhangjie@tiantailaw.com**　举报电话: (010) 63567684

本书如有印装质量问题, 由我社事业发展中心负责调换, 联系电话: (010) 63538621

前　言

在当今复杂多变的经济环境下，财政税收工作的重要性日益凸显。作为国家宏观调控的关键工具，财政税收不仅保障着国家职能的有效履行，还深刻影响着社会稳定和经济的可持续发展。随着经济活动的日益复杂和社会对公共服务需求的不断提高，传统的财政税收管理模式面临着巨大挑战。为了应对这些挑战，精细化管理作为一种先进的管理理念应运而生，为财政税收工作提供了新的思路和方法。

精细化管理强调以高度的精确性、细致入微的态度以及全面系统的视角，对管理活动的全过程进行把控。通过精准的数据收集、严谨的分析判断以及精细的操作执行，精细化管理致力于提升管理资源的最优配置、管理效能的大幅提升以及管理目标的精准达成。将精细化管理引入财政税收领域，有助于优化税收征管流程、提高财政资金的使用效率、提高财政税收工作的质量和水平，更好地服务于国家发展战略和社会民生需求。

本书围绕财政税收工作中的精细化管理策略展开深入研究，从财政税收精细化管理的理论内涵、核心要素出发，系统剖析了财政税收工作的主要内容与目标，包括财政收入、财政支出、税收征管以及财政税收工作的总体目标等。进而，本书详细探讨了精细化管理在财政税收各个环节的具体应用，如预算编制的精细化方法、税收征管流程的优化与细化、财政支出效益分析与评价的精细化等，旨在为读者提供一套全面、实用的精细化管理策略体系。

此外，本书还关注了财政税收精细化管理中的风险管理，从风险识别、评估到应对策略的制定，构建了一套完整的风险管理框架。同时，结合国内外前沿研究成果与创新试点案例，本书展望了财政税收精细化管理的未来发展趋势，探讨了管理理念、技术、模式及制度等方面的创新策略，以期为财政税收工作的持续优化与发展提供有益的参考与启示。

通过本书的深入研究与探讨，我们期望能够为财政税收领域的实践工作者、研究人员及政策制定者提供有价值的理论支撑与实践指导，共同推动财政税收工作向更加精细、高效、可持续的方向发展。

孔秀美

2025 年 3 月

目 录

CONTENTS

第一章　财政税收精细化管理概论

第一节　精细化管理的内涵与特征

一、精细化管理的理论定义

精细化管理作为一种先进的管理理念与方法论，其核心在于以高度的精确性、细致入微的态度以及全面系统的视角对管理活动进行全方位把控。它要求在管理实践中，对各类管理对象、流程、环节等进行深度剖析与精细雕琢，通过精准的数据收集、严谨的分析判断以及精细的操作执行，以实现管理资源的最优配置、管理效能的大幅提升以及管理目标的精准达成。从理论根源上看，精细化管理脱胎于现代工业生产与企业管理领域对效率提升与质量管控的不懈追求。

二、内涵要点剖析

（一）精确性内涵

精确性在精细化管理中占据着基石性的地位。它意味着在财政税收工作的各个层面与环节，无论是数据的采集、处理，还是政策的制定、执行，都必须达到极高的精准度。在税收收入核算方面，精确性体现得尤为明显。以我国个人所得税征收为例，税务部门需要精确掌握每一位纳税人的收入来源、扣除项目、税率适用等详细信息。随着我国个人所得税综合税制改革的推进，税务系统通过与金融机构、企业等多部门的数据共享与交叉比对，确保纳税人的综合所得能够被精确计算。

（二）细致性内涵

细致性是精细化管理的重要体现，它要求管理者深入到管理事务的每一个细微之处，不放过任何一个可能影响管理效果的因素。在财政税收政策的制定与执行环节，细致性的要求贯穿始终。以企业研发费用加计扣除政策为例，政策条文不仅明确了可加计扣除的研发费用范围，还对每一项费用的具体界定与核算方法作出了详细规定。

（三）系统性内涵

系统性是精细化管理的内在要求，它强调将财政税收工作视为一个庞大而复杂的有机整体，各个子系统、各环节之间相互关联、相互影响、相互制约。在财政税收体系中，税收征管、财政预算编制、财政资金分配与使用等环节构成了一个紧密相连的系统链条。例如，税收征管工作的成效直接决定了财政收入的规模与结构。高效准确的税收征管能够确保税收收入及时足额入库，为财政预算编制提供坚实可靠的资金来源基础。而财政预算编制的科学性与合理性又会对税收征管工作产生反向影响，合理的预算安排能够引导税收征管工作的重点与方向，促进税收政策的有效实施。同时，财政资金的分配与使用情况也会影响到经济社会的发展状况，进而间接作用于税收收入的可持续增长。

第二节　财政税收工作的主要内容与目标

一、财政收入

财政收入是国家为实现其职能，凭借政治权力和生产资料所有权，通过一定的形式和渠道集中起来的一种货币资金，是国家参与社会产品分配的重要手段，其来源主要由税收收入与非税收入等构成。

（一）税收收入

税收收入在财政收入体系中占据主导地位，具有强制性、无偿性和固定性的特征。我国现行税制包含多个税种，不同税种在筹集财政资金和调节经济运行方面发挥着各异的作用。例如，增值税作为流转税的重要税种，广泛覆盖了商品生产、流通和劳务服务等多个环节。据相关统计数据显示，在过去某一完整财政年度中，增值税收入规模达到数万亿元，在全国税收总收入中占比颇高，为财政收入的稳定增长提供了坚实支撑。企业所得税则针对企业的生产经营所得和其他所得征收，其收入规模也相当可观，是财政收入的重要组成部分。个人所得税在调节居民收入分配方面意义重大，随着个人所得税制度的不断改革完善，以及综合所得计税等措施的实施，其在筹集财政资金的同时，更加注重对不同收入群体税负公平性的调节。

（二）非税收入

非税收入是财政收入的重要补充形式，包括行政事业性收费、政府性基金、国有资源（资产）有偿使用收入等。以政府性基金为例，土地出让金是其中的关键部分。行政事业性收费依据相关法律法规设定，如教育领域的学费收取、交通领域的车辆通行费等，其收费标准和范围均有明确规定，所筹集资金专项用于特定的行政事业或公共服务领域，保障了相关事业的正常运转与发展。

二、财政支出

财政支出是政府为提供公共产品和服务，满足社会共同需要而进行的财政资金分配活动，其方向主要聚焦于公共服务、基础设施建设等重点领域。

（一）公共服务领域

在教育公共服务方面，财政支出持续加大投入力度。近年来，国家财政在教育领域的支出呈现稳步增长态势，大量资金被用于改善办学条件，包括新建和修缮学校校舍、购置先进教学设备等硬件设施建设；同时也注重师资队伍建设,如开展教师专业培训、提高教师工资待遇等软件方面的提升,以促进教育资源的均衡配置,保障公民受教育权利的平等实现。医疗卫生领域同样是财政支出的重点方向,财政资金广泛应用于各级医疗卫生机构的建设与运营,如大型综合性医院的新建与扩建项目,基层医疗卫生服务机构的设备更新与完善;同时积极推动医疗保障体系的健全,为城乡居民基本医疗保险提供财政补贴,以提高居民医疗保障水平,增强应对公共卫生事件的能力,进而提升全民健康素质。

（二）基础设施建设领域

交通基础设施建设是财政支出的关键领域之一。例如,在高速铁路建设方面,国家规划并实施了大规模的高铁网络建设工程,财政资金投入巨大,从线路规划、土地征收、工程建设到后期的设备维护与技术升级,各个环节均有大量资金支持,这不仅显著提升了我国交通运输效率,促进了区域间的经济交流与协同发展,还带动了相关产业的繁荣。水利基础设施建设同样至关重要,大型水利枢纽工程建设往往需要巨额财政资金投入,这些工程在防洪、灌溉、发电、水资源调配等多方面发挥着不可替代的作用,保障了农业生产用水需求、城市居民生活用水供应以及应对洪水灾害等风险的能力,为经济社会稳定发展奠定了坚实基础。

三、税收征管

税收征管是税务机关依据国家税收法律法规,对税收活动进行组织、管理、监督和检查等一系列工作的总称,主要涵盖登记、申报、征收、稽查等核心环节。

（一）税务登记

税务登记是税收征管的起始环节,依据《中华人民共和国税收征收管理法》及其实施细则规定,企业、个体工商户等纳税人在取得营业执照或发生纳税义务后,需在法定时间内向税务机关申报办理税务登记。税务机关在登记过程中,全面采集纳税人的基本信息,如名称、法定代表人、经营范围、注册地址、注册资本等，并为纳税人赋予唯一的税务登记号码，以此建立纳税人档案，实现对纳税人的身份识别与管理。通过准确完整的税务登记，税务机关能够有效掌握税源分布状况，便于精准推送税收政策、开展税源监控以及实施分类管理等工作，为后续的税收征管工作奠定坚实基础。

（二）纳税申报

纳税申报是纳税人按照税法规定，定期向税务机关报送纳税申报表、财务会计报表及其他相关纳税资料的法定程序。不同税种的纳税申报要求有所差异，例如，增值税一般纳税人通常需按月进行申报，在申报时需如实填写销售额、进项税额、销项税额等关键数据，并依据相关规定计算应纳税额。税务机关借助现代化信息技术手段，构建了电子申报系统，纳税人可通过该系统便捷地完成申报操作。近年来，电子申报的普及率不断提高，大量纳税人选择通过电子税务局进行纳税申报，这不仅提高了申报效率，也降低了申报成本，同时税务机关能够对申报数据进行实时接收、审核与分析，对于申报数据异常的纳税人及时进行风险预警与核查，确保纳税人依法如实申报纳税。

（三）税款征收

税款征收是税务机关将纳税人依法应缴纳的税款征收入库的关键环节。我国采用多种税款征收方式，以适应不同纳税人的经营特点和财务管理水平。查账征收方式适用于财务会计制度健全、能够如实核算和提供生产经营情况的纳税人，税务机关依据纳税人的申报数据进行审核，审核成功后征收税款；核定征收方式则针对那些财务核算不健全、难以准确核算应纳税额的纳税人，税务机关根据纳税人的生产经营规模、行业特点、地理位置等因素，按照一定的方法核定其应纳税额。例如，在对一些小型个体工商户的税收征管中，由于其财务核算相对简单，多采用核定征收方式确定其每月应缴纳的税款。通过科学合理的税款征收方式，确保了税收收入的及时足额入库，保障了国家财政收入的稳定来源。

（四）税务稽查

税务稽查是税务机关依法对纳税人、扣缴义务人履行纳税义务、扣缴义务情况进行监督检查和处理的执法活动。税务稽查的重点在于查处各类税收违法行为，维护税收秩序的公平公正。稽查部门通过多种途径确定稽查对象，如数据分析比对发现纳税申报异常的企业、接到群众举报有偷逃税嫌疑的纳税人以及根据税收专项检查计划确定的特定行业或领域等。

第三节　精细化管理在财政税收中的重要意义

一、提高财政资金使用效益

在理论层面，精细化管理强调对财政资金的全方位把控。传统管理模式往往侧重于资金的分配，而精细化管理则深入到资金使用的各个环节，包括预算编制的精细化、执行过程的严密监控以及使用效果的精准评估。精确规划预算项目，细化资金用途，能够避免资金的闲置与浪费，确保每一笔资金都能精准投向最需要的领域，从而实现效益的最大化。

例如，在某城市的基础设施建设项目中，实施精细化管理之前，预算编制较为笼统，仅按照大项工程预估资金需求，在执行过程中频繁出现资金挪用、超支等现象，导致部分项目进度滞后，且最终项目完成质量参差不齐。而引入精细化管理模式后，在预算编制阶段，对每个子项目进行详细的成本核算与效益分析，如道路建设中的材料采购、人工费用等均有精确的预算安排。在执行过程中，通过信息化系统实时监控资金流向，一旦发现偏差及时调整。最终该项目不仅提前竣工，且成本较以往同类项目降低了约15%，资金使用效益得到显著提升。这充分表明精细化管理能够有效提高财政资金的使用效益，使有限的资金发挥出更大的价值。

二、优化税收征管效率

从理论上讲，精细化管理在税收征管方面体现在对纳税主体的精准分类管理、征管流程的优化以及征管手段的现代化。传统征管模式可能存在一刀切的情况，难以满足不同类型纳税人的需求，且征管流程烦琐，容易造成征管漏洞与效率低下。精细化管理则根据纳税人的规模、行业、经营模式等特征进行分类，制定个性化的征管策略，同时精简征管流程，利用大数据、人工智能等先进技术提高征管的准确性与及时性。

以某省的税务部门为例，在未推行精细化管理时，对中小企业和大型企业采用相同的征管方式，中小企业由于财务制度相对不健全，在纳税申报和税款缴纳过程中面临诸多困难，而税务部门也因征管资源平均分配，难以对大型企业复杂的税务情况进行深入核查，导致征管效率低下且税收流失风险较高。实施精细化管理后，该省税务部门针对中小企业推出简易申报系统和税收优惠政策辅导服务，大大降低了中小企业的纳税成本和遵从难度；对于大型企业，则建立专门的税务风险管理团队，运用大数据分析其财务数据和经营活动，精准识别潜在的税务风险点。通过这些举措，该省的税收征管效率大幅提升，企业纳税申报准确率提高了20%以上，税收收入在一年内实现了10%的增长，有效优化了税收征管的整体效率。

第二章　财政税收精细化管理的理论基础

第一节　公共财政理论与精细化管理

一、公共财政理论的核心要素深度解析

（一）公共产品提供：内涵、理论基础与供给机制

公共产品在公共财政理论体系中占据着极为关键的地位。从严格的经济学定义出发，公共产品具有消费的非排他性和非竞争性两大核心特征。所谓非排他性，是指在技术上难以将未付费的个体排除在公共产品的受益范围之外，即一旦公共产品被提供，所有社会成员均可从中受益，而不论其是否为此支付费用。例如，国家建立的气象灾害预警系统，一旦投入运行，所有处于该预警覆盖区域内的民众都能接收到预警信息，无法对特定个体进行排除。非竞争性则意味着一个消费者对公共产品的消费不会减少其他消费者可获得的消费量，如城市公园的景观设施，一位游客的游览观赏并不会降低其他游客欣赏相同景观的质量和数量。

公共产品的供给理论主要源于市场失灵理论。在理想的完全竞争市场中，资源能够通过价格机制实现有效配置。然而，公共产品由于其非排他性和非竞争性，使得市场主体难以通过收费机制来弥补生产成本，从而导致市场供给不足或根本无人供给。以灯塔为例，若由私人企业提供灯塔服务，由于难以向过往船只逐一收取费用，且一艘船使用灯塔并不会影响其他船只的使用，企业无法获取足够的经济回报，因此不会有企业愿意主动提供灯塔服务。基于此，政府成为公共产品的主要提供者，通过财政资金的筹集与分配来保障

公共产品的生产与供给。

（二）财政资源合理配置：原则、理论依据与配置模型

财政资源的合理配置是公共财政理论的核心目标之一，其旨在解决在资源稀缺性的约束下，如何将有限的财政资金在不同的公共需求领域、不同地区以及不同群体之间进行最优分配的问题。

从配置原则来看，主要遵循效率原则和公平原则。效率原则在经济学中可通过帕累托最优概念来阐释，即在不使任何一方境况变坏的情况下，无法通过重新配置资源使另一方境况变好。在财政资源配置中，意味着要将资金投向那些能够产生最大边际效益的领域或项目，以促进经济的整体增长和发展。例如，对高新技术产业的财政扶持，能够推动技术创新，提高生产效率，进而带动整个产业链的升级与发展。公平原则则强调财政资源在不同阶层、不同地区之间的均衡分配，以缩小贫富差距和区域发展差距。这一原则基于福利经济学的社会福利函数理论，该理论认为社会福利是个体福利的函数，而财政资源的公平分配有助于提升弱势群体的福利水平，从而提高整个社会的福利总量。

在财政资源配置的过程中，边际效用均等化模型是一种重要的理论模型。假设财政资源可分配于 n 个不同的用途，分别记为 $X_1, X_2, \cdots, X_n$，其边际效用分别为 $MU_1, MU_2, \cdots, MU_n$，价格分别为 $P_1, P_2, \cdots, P_n$。根据边际效用均等化原理，当财政资源达到最优配置时，满足公式 $\frac{MU_1}{P_1} = \frac{MU_2}{P_2} = \cdots = \frac{MU_n}{P_n}$。这意味着在不同用途中，财政资源的最后一单位投入所产生的边际效用与价格之比应相等。例如，在教育和医疗两大公共服务领域，政府需要权衡增加一单位教育投入所带来的边际效用（如提高劳动力素质、促进社会阶层流动等）与增加一单位医疗投入所带来的边际效用（如改善民众健康状况、提高劳动生产率等），并结合两者的成本（包括人力、物力、财力投入等），按照边际效用均等化的原则进行资源分配，以实现财政资源在教育和医疗领域的合理配置。

二、公共财政理论与精细化管理的内在逻辑关联剖析

（一）公共产品提供与精细化管理

精细化管理在公共产品提供中的首要体现是精准的需求识别。借助大数据分析技术、社会调查统计方法以及需求层次理论，深入挖掘不同地区、不同群体对于公共产品的差异化需求结构。例如，运用层次分析法（AHP）构建公共交通需求评估模型，将居民出行需求分为不同层次，如基本出行需求（包括通勤、上学等）和高级出行需求（如旅游出行、商务出行等），并确定不同层次需求的权重。通过收集居民出行的时间、距离、方式偏好等数据，分析不同区域（如城市中心区、郊区、农村地区）居民出行需求的特点和差异。在公共交通供给规划方面，根据需求评估结果，运用线性规划模型确定公交路线的最优布局、站点的合理设置以及车辆的投放数量与运营频次。例如，在城市中心区，由于人口密度高、出行需求大且集中在早晚高峰时段，可通过增加公交车辆的投放密度、缩短发车间隔时间以及设置更多的直达线路来满足居民的基本出行需求；而在郊区或农村地区，可根据居民出行的分散性和低频性特点，适当减少车辆投放数量，优化线路连接城乡主要节点，提高公共交通资源的利用效率。

（二）财政资源配置公平性与精细化管理

1. 预算编制精细化

在财政资源配置公平性的追求中，预算编制环节的精细化管理至关重要。摒弃传统的基数法预算编制模式，采用零基预算法和因素法相结合的精细化编制方法。以教育资源配置为例，首先确定影响教育资源需求的关键因素，如地区学龄人口数量 N、教育发展水平指数 L（可通过学校师资力量、教学设施配备等指标综合衡量）、地区经济发展水平指数 E（用人均 GDP、产业结构等指标表示）等。构建教育预算分配模型 $B=f(N,L,E)$，其中 B 示某地区的教育预算额度。具体而言，对于学龄人口数量较多的地区，应分配更多的教育资源以满足基本的教育需求，可设定 B 与 N 呈正相关关系；对于教育发展水平较低的地区，需要加大投入以促进教育均衡发展，B 与 L 成负相关关系；对

于经济发展水平较低的地区，财政应给予更多的扶持，B 与 E 呈负相关关系。通过这种基于因素分析的精细化预算编制方法，能够从源头上保障财政资源在不同地区教育领域的公平分配，避免因历史基数或地区经济差异导致的教育资源分配不公。

2. 项目筛选与执行精细化

在财政支出项目筛选阶段，依据公平性原则建立多维度的项目评估指标体系。例如，在社会保障项目筛选中，运用阿罗不可能定理的思想，综合考虑项目覆盖范围 C（如覆盖的弱势群体比例）、基尼系数改善效果 G（衡量项目对社会贫富差距缩小的贡献）、项目可持续性 S（包括资金来源稳定性、长期运营可行性等）等指标。构建项目筛选模型 $P=\varphi$（C,G,S），其中 P 表示项目的优先度。优先选择那些覆盖范围广、基尼系数改善效果显著且可持续性强的社会保障项目，如贫困地区的基本医疗保障项目、低收入群体的住房保障项目等。在项目执行过程中，建立精细化的资金拨付与监管机制。运用区块链技术建立财政资金流向的可追溯系统，确保资金按时、足额地流向预定项目，并防止资金被挪用或截留。通过定期对项目执行情况进行实地检查和数据分析，如对比项目实际支出进度与预定计划进度、评估项目实施效果与预期目标的偏差等，及时发现并纠正项目执行中的不公平现象或效率低下问题。例如，如果发现某个地区的扶贫项目资金使用效率低下，存在资金闲置或浪费现象，及时调整项目管理策略，如优化资金分配方式、加强项目监督力度等，保障财政资源在不同群体、不同地区间公平分配的有效性与可持续性。

第二节　新公共管理理论对财政税收的启示

一、新公共管理理论的深度剖析

（一）起源与发展背景

新公共管理理论兴起于 20 世纪 70 年代末至 80 年代初，当时西方发达国家面临着一系列严峻的社会经济挑战。传统官僚制主导的公共行政模式在长期运行过程中逐渐暴露出诸多弊端,如机构臃肿、效率低下、对公众需求响应迟缓等。与此同时,全球化进程加速、信息技术迅猛发展以及私营企业管理创新成果显著,这些外部环境因素促使公共管理领域开始反思传统模式并寻求变革之道。英国、美国、新西兰等国家率先发起了公共管理改革运动,新公共管理理论应运而生并逐步传播至全球范围,成为指导公共部门改革实践的重要理论框架。

(二)内涵与核心要点阐释

1.政府职能转变:从全能型到有限且有效的职能重塑

传统公共行政模式下,政府扮演着全能型角色,广泛涉足社会经济生活的各个领域,承担着大量微观事务管理职责。然而,新公共管理理论倡导政府职能的根本性转变。政府应将职能聚焦于宏观调控领域,如运用财政政策与货币政策调节经济总量平衡、稳定物价水平、促进就业增长等;在公共服务供给方面,政府应从直接生产者向规划者、监管者和购买者转变。例如,在住房保障领域,政府不再直接建设和运营所有保障性住房项目,而是通过制定住房保障政策、规划建设标准,监管社会资本参与建设运营,并依据服务绩效采购公共住房服务,以满足中低收入群体住房需求。此外,政府在市场秩序维护中承担关键责任,通过制定和执行公平公正的法律法规,打击不正当竞争、垄断行为,保障各类市场主体合法权益,营造健康有序的市场竞争环境。

2.引入市场机制:以竞争驱动公共服务效能提升

新公共管理理论极力主张将市场机制引入公共部门管理运作中。竞争机制是其中的核心要素,通过在公共服务提供领域引入竞争,可以打破传统公共部门垄断局面。在公共物品与服务的生产供应环节,如城市供水供电服务、垃圾处理服务等,采用公私部门竞争或多个私营部门竞争的模式。

3.注重绩效评估:量化评价引领公共管理精准优化

绩效评估在新公共管理理论体系中占据关键地位。传统公共行政模式缺乏系统科学的绩效评估机制,难以对公共部门工作成效进行客观准确评价。新公共管理理论下的绩效评估强调构建全面、量化、可操作的评估体系。首先，确定明确的绩效目标，这些目标应紧密围绕公共服务的质量、效率、公平性及成本控制等维度设定。例如，在教育公共服务领域，绩效目标可包括学生学业成绩提升幅度、学校辍学率降低比例、教育资源分配公平性指标（如不同区域学校生均教育经费差距缩小程度）以及教育投入产出效率（如单位教育经费培养合格毕业生数量）等。其次，采用多元评估主体，除政府内部评估机构外，引入第三方专业评估机构、公众及服务对象参与评估过程，以增强评估结果的客观性和公信力。例如，在医疗服务绩效评估中，将患者满意度调查作为公众参与评估的重要方式，可反映医疗服务的人性化程度和患者体验感受。最后，依据绩效评估结果进行管理决策调整，对绩效表现优秀的部门或项目给予奖励，如增加预算拨款、表彰奖励等；对绩效不佳者进行整改督促或资源重新配置调整，如削减预算、调整项目负责人等，从而形成持续改进的公共管理闭环。

二、新公共管理理论对财政税收工作的影响：多环节对应分析

（一）税收征管环节

1. 传统税收征管模式的特征与局限

传统税收征管模式以税务机关主导的单向监管为主要特征。在征管流程方面，遵循较为固定和烦琐的程序，如纳税人需在规定时间内前往税务机关办税服务厅提交纸质申报资料，税务人员人工审核资料完整性与数据准确性，这种方式效率低下且易受人为因素干扰，导致申报处理周期长、差错率较高。在信息管理方面，税务机关内部各部门之间信息流通不畅，形成信息孤岛现象。例如，征管部门掌握的纳税人日常经营信息难以及时共享给稽查部门，使得稽查部门在税收风险识别与查处时缺乏全面数据支持，影响税收执法的精准性和及时性。此外，传统税收征管模式对纳税人服务意识相对薄弱，缺乏个性化服务机制，难以满足不同类型纳税人多样化的办税需求。

2. 新公共管理理论导向下税收征管模式的变革

（1）以纳税人为中心的服务理念变革

借鉴企业客户关系管理理念，将纳税人视为客户，致力于提升纳税服务

体验。通过建设电子税务局，实现纳税申报、税款缴纳、发票申领等业务的线上办理，极大地便利了纳税人，提高了办税效率。例如，据统计，在某地区推行电子税务局全面功能应用后的一年内，纳税人平均办税时间缩短了约60%，有效减轻了纳税人办税负担。同时，利用大数据分析技术深度挖掘纳税人需求特征，为纳税人提供个性化的税收政策推送服务。如针对高新技术企业，精准推送研发费用加计扣除政策及申报操作指南，提高纳税人对税收优惠政策的知晓度和利用率。

（2）基于大数据与人工智能的征管创新

利用大数据技术整合多源数据，包括税务内部数据（如纳税人登记信息、申报数据、发票数据等）以及外部数据（如工商登记信息、银行流水数据、海关进出口数据等），构建纳税人画像与税收风险评估模型。例如，通过分析企业的上下游交易数据和发票流向，能够精准识别虚开发票风险点。运用人工智能技术实现自动化风险预警与智能征管决策辅助。如智能税务机器人可自动解答纳税人常见咨询问题，并根据纳税人提问内容智能推送相关税收政策解读和办税指引，有效提高了征管效率和服务质量。

（3）绩效导向的征管队伍管理强化

建立全面的税收征管绩效评估体系，改变传统单一以税收任务完成情况为考核指标的模式。新增纳税服务满意度指标，通过线上线下相结合的满意度调查方式（如电子税务局问卷调查、办税服务厅现场访谈等）收集纳税人反馈，将其纳入绩效评估范畴。例如，某省税务系统在引入纳税服务满意度指标后的绩效评估中发现，部分基层税务机关因服务态度和办税效率问题导致满意度较低，随后针对性地开展了服务培训与流程优化举措，使得整体满意度在一年内提升了20个百分点。同时，增设税收征管质量指标，如税款征收准确率、税收执法合规率等，通过信息化系统实时监控征管业务流程，自动采集数据并生成绩效评估报告，实现对征管工作的精准量化评价。基于绩效评估结果，对税务人员实施差异化激励措施，对绩效评估优秀者给予晋升机会、奖金激励等，对绩效评估不达标者进行培训补考、岗位调整等，激发税务人员工作积极性和主动性，提升税收征管整体水平。

（二）财政支出管理环节

1.传统财政支出管理模式的困境剖析

传统财政支出管理在公共服务提供过程中，主要依赖政府部门内部直接组织生产与供给。在这种模式下，由于缺乏外部竞争压力，公共服务部门容易滋生效率低下、成本控制意识淡薄等问题。例如，在城市公共设施维护管理方面，政府直属的维护部门可能因缺乏竞争而出现人员冗余、设备闲置浪费现象，导致维护成本居高不下而服务质量难以提升。在项目决策环节，传统模式缺乏严谨科学的成本效益分析方法应用，往往凭借经验或政治考量进行项目立项决策，容易引发盲目投资和资源错配问题。例如，一些地方政府在未充分论证项目经济效益和社会效益的情况下，仓促上马大型形象工程，导致项目建成后运营效益不佳，财政资源大量浪费，甚至给地方政府带来沉重债务负担。

2.新公共管理理论导向下财政支出管理模式的转型

（1）市场竞争机制的深度嵌入

在众多公共服务领域广泛引入市场竞争机制，以提升服务质量与降低成本。在公共卫生服务领域，政府可通过招标采购方式向社会医疗机构购买基本医疗服务包，如预防保健服务、常见疾病诊疗服务等。不同医疗机构基于服务质量、价格、覆盖范围等因素展开竞争，政府依据服务绩效评估结果支付费用。据相关研究表明，在部分地区试点公共卫生服务外包后，服务成本平均降低了约25%，而服务质量指标（如居民健康档案建档率、疫苗接种率等）均有显著提升。在公共文化服务领域，采用公私合营（PPP）模式建设运营文化场馆，政府与社会资本共同投资、共享收益、共担风险。例如，某城市图书馆采用PPP模式建设，社会资本方负责场馆建设融资与部分运营管理，政府提供政策支持与部分资金投入，通过合作提高了场馆建设速度与运营管理的专业化水平，同时减轻了财政一次性支出压力。

（2）绩效评价结果驱动的管理循环

构建完善的财政支出绩效评价结果应用机制，将绩效评价结果与预算安排、政策调整紧密挂钩。在预算安排方面，对绩效评价优秀的项目，如某地区高效实施的农村饮水安全巩固提升工程，在后续年度预算中给予优先保障并适当增加资金投入，以进一步扩大项目覆盖范围或提升服务标准；对绩效评价不合格的项目，如某城市低效运营的污水处理厂项目，削减预算资金并责令项目运营方进行整改，若整改后仍未达到绩效要求，则终止合作或调整运营模式。在政策调整方面，依据绩效评价结果对财政支出政策进行动态优化。例如，某教育补贴政策实施后发现对提升贫困地区教育质量效果不明显，且存在资金浪费现象，政府则根据绩效评价反馈调整补贴对象范围、补贴标准或补贴方式，确保财政支出政策的有效性和精准性，从而形成基于绩效评价结果驱动的财政支出管理持续优化循环。

第三节　税收公平与效率理论在精细化管理中的应用

一、税收公平与效率理论内涵深度解析

（一）税收公平理论内涵

税收公平原则作为税收制度设计与实施的关键准则，旨在确保纳税人依据其经济实力合理分担税收负担，以实现税负分配的公正性与合理性。此原则可细化为横向公平与纵向公平两大维度，二者相互补充，共同构建起税收公平的理论框架。

1. 横向公平原则

横向公平着重于同等经济状况纳税人之间的税负平等性。从理论上讲，在特定税收管辖权范围内，若纳税人 A 与纳税人 B 具有相同的经济能力衡量指标（如相同的收入水平、财产规模、消费支出等），则他们所承担的税收负担应当相等。这一原则基于市场经济中公平竞争的基本要求，即处于相同经济地位的市场主体不应因税收因素而处于不同的竞争起点。

为了更精确地界定横向公平，引入"经济能力等价性函数" $E(x)$，其中 x 表示影响纳税人经济能力的一组变量向量（如收入 I、资产 A、扣除项目 D 等），即 $E(x)=f(I,A,D,\cdots)$。当 $E(x_A)=E(x_B)$，纳税人 A 和 B 被视为具有相同经济能力，其应承担的税收负担 T_A 和 T_B 应满足 $T_A=T_B$。例如，在个人所得

税征收中，对于两名单身、无子女抚养且年收入均为 80,000 元，且扣除项目（如专项扣除、专项附加扣除等）相同的纳税人，他们应按照相同的税率和计算方式缴纳个人所得税，不存在因其他非经济因素导致的税负差异。

在企业税收领域，以企业所得税为例，若两家企业在同一行业、相同经营规模（以年营业额、资产总额等指标衡量）、相似的成本结构以及相同的盈利水平下，且均无特殊税收优惠或税收减免情形时，它们应适用相同的企业所得税税率及计税规则，缴纳等额的企业所得税。这有助于避免企业因税收待遇差异而在市场竞争中产生不公平优势或劣势，维护市场竞争的公平性与有序性。

2. 纵向公平原则

纵向公平聚焦于不同经济状况纳税人之间税负的合理差异。一般而言，随着纳税人经济能力的增强，其纳税能力也相应提高，应承担更重的税收负担。即当纳税人 M 的经济能力强于纳税人 N 时 $E(x_M) > E(x_N)$，$T_M > T_N$。

在实践中，纵向公平通常通过累进税制得以体现。以个人所得税为例，我国现行个人所得税制度采用累进税率结构，将应税所得划分为不同档次，随着应税所得额的增加，适用的税率逐步提高。假设纳税人甲的年应税所得为 200,000 元，纳税人乙的年应税所得额为 500,000 元。按照个人所得税税率表，甲可能适用 20% 的边际税率，而乙则适用更高的边际税率（如 30%）。通过这种累进税率设计，高收入的乙相较于低收入的甲承担了更多的税收负担，从而实现了税收在不同收入阶层之间的纵向公平调节，有助于缩小贫富差距，促进社会分配的公平性。

（二）税收效率理论内涵

税收效率原则致力于在实现税收职能的过程中，最大化税收收益并最小化税收成本，其涵盖经济效率与行政效率两个相辅相成的方面，二者共同构成衡量税收制度优劣与征管效能高低的重要标准。

1. 税收的经济效率

税收的经济效率核心在于降低税收对经济资源配置的扭曲效应，以实现社会经济福利的最大化。从理论模型角度出发，采用"哈伯格三角形"（Harberger Triangle）来衡量税收的超额负担。在完全竞争市场中，假设不存在税收时，商品的供给曲线 S 与需求曲线 D 相交于均衡点 E，此时的均衡产量为 Q_0，均衡价格为 P_0，消费者剩余为 $\triangle ACE$，生产者剩余为 $\triangle BCE$，社会总福利为两者之和。

当政府对该商品征收从量税 t 时，供给曲线向上平移至 S'，新的均衡点为 E'，此时均衡产量下降至 Q_1，消费者支付的价格上升至 P_1，生产者实际收到的价格下降至 P_2。消费者剩余减少为 $\triangle ADE'$，生产者剩余减少为 $\triangle BGE'$，而政府获得的税收收入为矩形 P_1DEP_2。与征税前相比，社会总福利减少了 $\triangle DE'E$，这部分即为税收的超额负担（或无谓损失）。

为了减少这种超额负担，税收政策设计应遵循税收中性原则，即在筹集财政收入的同时，尽可能减少对市场价格机制和资源配置的干扰。

2. 税收的行政效率

税收的行政效率主要考量税收征管过程中的成本与效益关系，旨在以最小的征管成本获取既定的税收收入。定义税收行政效率 $E=\dfrac{T}{C}$，其中 T 表示税收收入，C 表示税收征管成本（包括税务机关的人力成本、物力成本、信息成本以及纳税人的奉行成本等）。

在人力成本方面，税务机关需要合理配置工作人员数量与岗位结构，以确保税收征管工作的顺利开展。例如，在经济发达地区，由于纳税人数量众多、经济业务复杂，税务机关可能需要配备更多的专业税务人员，如税务稽查人员、纳税评估人员、税收政策解读专家等，以应对繁重的征管任务；而在经济欠发达地区，可根据实际纳税人规模和业务量进行相应的人员精减与调配，避免人力资源的浪费。

物力成本涵盖税务机关办公场所租赁、设备购置与维护（如计算机、打印机、税控设备等）等方面的支出。以信息化建设为例，随着税收征管信息化程度的不断提高，税务机关需要投入大量资金用于购置先进的计算机硬件设备、开发或升级税收征管软件系统以及维护网络安全等。通过优化信息化建设规划与管理，如采用云计算技术实现税务数据的集中存储与处理，可有效降低单个税务机关的设备购置与维护成本，提高物力资源的利用效率。

信息成本在现代税收征管中日益凸显，主要涉及税务机关获取、处理和存储纳税人信息的成本，以及纳税人因提供信息而产生的成本。例如，为了实现对企业所得税的精准征管，税务机关需要从企业财务报表、税务申报资料、银行账户信息等多渠道收集数据，并进行数据整合与分析。若信息系统不完善或数据共享机制不畅通，则会导致信息获取成本大幅增加，且可能因信息不准确而影响征管效率。因此，建立健全税务信息共享平台，如实现税务与工商、银行、海关等部门之间的信息实时共享与交互验证，可有效降低信息成本，提高税收征管的准确性与及时性。

纳税人的奉行成本包括纳税申报成本（如购买申报软件、聘请税务代理的费用等）、税款缴纳成本（如银行转账手续费等）以及为满足税务机关要求而进行的会计核算、资料整理与保存等成本。例如，在个人所得税自行申报制度下，纳税人需要花费时间学习申报流程、填写申报表格，若申报过程复杂烦琐，将增加纳税人的奉行成本，可能导致纳税遵从度下降。因此，税务机关应致力于简化纳税申报程序，如推广电子申报系统，提供简洁明了的申报指南与自动计算功能，降低纳税人的奉行成本，提高纳税申报的便利性与准确性。

二、税收公平原则在税收征管精细化管理中的应用场景剖析

（一）纳税人分类管理中的横向公平体现

纳税人分类管理是现代税收征管精细化管理的重要举措，其在实现税收横向公平方面发挥着关键作用。以增值税纳税人分类为例，我国依据纳税人年应税销售额、会计核算健全程度等标准，将增值税纳税人划分为一般纳税人和小规模纳税人两类，不同类别纳税人适用不同的计税方法和征管制度，这一分类管理模式充分体现了税收横向公平原则。

1. 一般纳税人管理

一般纳税人通常具有较高的年应税销售额（工业企业年应税销售额超过500万元，商业企业年应税销售额超过800万元）且会计核算健全，能够准确提供税务资料。这类纳税人适用一般计税方法，即应纳税额等于当期销项税额减去当期进项税额。例如，某制造企业作为一般纳税人，在某纳税期内销售产品取得销项税额120万元，购进原材料、设备等取得进项税额80万元，

则该企业当期应纳税额为 120-80=40 万元。

在发票管理方面，一般纳税人可以使用增值税专用发票进行进项税额抵扣和销项税额开具，发票管理要求较为严格。税务机关对一般纳税人的监管重点在于其增值税进项税额和销项税额的真实性、准确性以及会计核算的合规性。通过建立完善的增值税发票管理系统，如金税工程，实现对一般纳税人发票开具、认证、抵扣等环节的全程监控，确保税收征管的准确性与公平性。对于同类型的一般纳税人，在相同的税收政策和征管制度下，只要其经济业务活动相似，则应纳税额计算方式相同，从而保障了他们之间的税收横向公平。

2. 小规模纳税人管理

小规模纳税人年应税销售额相对较低且会计核算可能不够健全，难以准确进行进项税额抵扣核算。因此，小规模纳税人适用简易计税方法，按照销售额与征收率（一般为 3%）的乘积计算应纳税额。例如，某小型零售商店作为小规模纳税人，某季度销售额为 30 万元，则该季度应纳税额为 300000×3%=0.9 万元。

小规模纳税人在发票使用上，一般只能开具普通发票，若需开具增值税专用发票，可向税务机关申请代开。税务机关对小规模纳税人的征管侧重于销售额的核实与简易计税方法的正确应用。尽管小规模纳税人与一般纳税人的计税方法不同，但在小规模纳税人内部，对于经营规模、行业类型、经营模式相似的纳税人，其适用的税收政策和征管方式相同，从而实现了小规模纳税人之间的横向公平。

（二）税收优惠政策中的纵向公平彰显

税收优惠政策是税收制度中实现纵向公平的重要手段，通过对不同经济状况或特定行业、群体的纳税人给予差异化的税收待遇，达到调节收入分配、促进经济社会发展的目的。

1. 高新技术企业所得税优惠政策

高新技术企业在推动科技创新、促进产业升级方面具有重要战略意义，但这类企业在研发过程中往往面临高投入、高风险、长回报周期等挑战，其纳税能力在发展初期相对较弱。为鼓励高新技术企业发展，我国实施了一系列企业所得税优惠政策。

　　根据相关规定，高新技术企业需经过严格的认定程序，包括对企业核心自主知识产权、研发投入强度、科技人员占比、高新技术产品（服务）收入占比等多方面指标的审核。经认定的高新技术企业减按 15% 的税率征收企业所得税，而一般企业的企业所得税税率为 25%。例如，某高新技术企业在某年度的应纳税所得额为 800 万元，若按照一般企业税率计算，应纳税额为 800×25%=200 万元；而由于其高新技术企业身份，实际应纳税额为 800×15%=120 万元，节省了 80 万元的税款。

　　这一税收优惠政策体现了纵向公平原则，即根据高新技术企业较高的创新能力和发展潜力但相对较弱的纳税能力现状，给予其税收扶持，使其在发展过程中能够有更多资金投入到研发创新活动中，增强企业竞争力，促进科技进步与产业结构优化升级。同时，这也有助于在不同类型企业之间形成合理的税负差异，体现了对具有特殊经济贡献和发展需求企业的税收政策倾斜，实现了税收在企业层面的纵向公平调节。

　　2. 小微企业税收减免政策

　　小微企业是国民经济的重要组成部分，在促进就业、活跃市场、推动创新等方面发挥着不可替代的作用，但由于其规模较小、资金实力有限、抗风险能力较弱，纳税能力相对较低。为扶持小微企业发展，我国出台了多项针对性的税收减免政策。

　　例如，在增值税方面，对月销售额 10 万元以下（含本数）的增值税小规模纳税人，免征增值税。以一个季度为纳税期的，季度销售额未超过 30 万元的，同样免征增值税。增值税小规模纳税人适用 3% 征收率的应税销售收入，减按 1% 征收率征收增值税；适用 3% 预征率的预缴增值税项目，减按 1% 预征率预缴增值税。

　　以一家小型广告公司为例，该公司为增值税小规模纳税人，按月申报增值税。在 2024 年 7 月，其应税服务销售额为 8 万元，全部开具增值税普通发票。按照对月销售额 10 万元以下（含本数）的增值税小规模纳税人免征增值税的政策，这家广告公司 7 月的 8 万元销售额未超过免税标准，因此该月可免征增值税。原本按照 3% 的征收率，需缴纳增值税 2400 元（80000×3%），政策减免后，这笔费用无需缴纳，为公司节省了资金。

第三章 财政预算精细化管理策略

第一节 预算编制的精细化方法

一、零基预算：深度解析与实践应用

（一）零基预算的理论基石与演进历程

零基预算的起源可追溯至 20 世纪 50 年代的美国，当时传统的增量预算模式在长期实践中暴露出诸多弊端，如预算基数的不合理延续、资源配置僵化等问题，促使理论界与实务界寻求一种更为科学合理的预算编制方法。

其发展源于对传统预算理念的革新，旨在打破以往以历史预算数据为基础进行简单调整的模式，构建一种全新的资源配置逻辑。零基预算的核心要点在于，它要求预算编制者在每个预算周期开始时，摒弃一切既得利益和历史预算基数的束缚，将所有预算项目视为从零开始，对每一项支出的必要性、合理性以及预期效益进行全面、深入且独立的重新评估与论证。这种方法强调以组织的战略目标和任务为导向，根据项目在实现这些目标过程中的价值贡献来确定资源分配的优先次序，从而确保有限的财政资源能够被精准地投向最具效益和紧迫性的项目与活动，实现资源配置的最优化与效益最大化。

（二）零基预算在财政预算编制中的操作流程

1. 全面数据收集与整理

以某市财政局编制下一年度预算为例，首先开展全面的数据收集工作。这涵盖了多个层面的数据信息：一是各预算单位（如教育部门、卫生部门、交

通部门等）的基础信息，包括单位的职能职责界定文件、组织架构图、人员编制情况、现有资产清单等。例如，教育部门需提供全市各级各类学校的数量、分布、在校学生人数、教师人数及职称结构等详细信息；卫生部门要提交医疗机构的数量、等级、床位数量、医护人员配备情况以及主要医疗设备清单等。

二是各单位过往多年（通常为 3~5 年）的财务收支数据，按照收入来源（如财政拨款、非税收入、上级补助收入等）和支出项目（如人员经费支出、公用经费支出、专项项目支出等）进行详细分类汇总。以交通部门为例，需整理过去 5 年的财政拨款收入数据，以及在道路建设、桥梁维修、公共交通运营补贴等方面的支出明细，包括每一个项目的具体开支金额、支出时间、资金来源渠道等信息。

三是外部相关数据的收集，如宏观经济指标（如地区生产总值、通货膨胀率、失业率等）、行业标准数据（如教育行业的生均经费标准、医疗卫生行业的诊疗服务成本标准等）、政策法规文件（国家和地方出台的关于各行业发展的政策文件、财政税收政策等）以及社会发展趋势数据（如人口老龄化趋势、城市化进程数据等）。例如，根据国家关于教育现代化的政策要求和本地人口增长及结构变化趋势，为评估教育部门的预算需求提供宏观政策依据和人口背景数据支持。

2. 项目分类与细化分解

在完成数据收集后，对各预算单位申报的预算项目进行分类整理。一般可按照项目的性质和用途分为人员类项目、运转类项目和特定目标类项目。

人员类项目进一步细化为基本工资、津贴补贴、奖金、社会保障缴费、住房公积金等明细项目，根据人员编制数量、工资标准、社保缴费比例等因素进行详细测算。例如，某市政府根据上年度末的公务员编制数、事业单位人员编制数以及当年的工资调整政策，计算出下一年度人员类项目中的基本工资支出预算。

运转类项目包括办公费、水电费、差旅费、会议费、培训费等公用经费项目以及设备购置与维护费用等专项运转费用。对于公用经费项目，可依据单位的人员数量、办公面积、业务活动规模等因素，并参考行业平均标准或历史实际支出水平，确定合理的支出定额。以某行政单位为例，根据单位的办公面积和人员数量，按照当地行政单位办公费定额标准，计算出下一年度的办公费预算；对于设备购置与维护费用，需详细列出拟购置设备的名称、规格、数量、单价以及设备维护的周期、费用估算等信息，如某医院申报的医疗设备购置项目，需说明购置新型 CT 扫描仪的品牌、型号、预计购置价格以及每年的维护保养费用预算。

特定目标类项目则根据项目的具体目标和任务进行细分，如教育部门的学校建设项目可分解为教学楼建设、实验室建设、校园信息化建设等子项目；交通部门的道路建设项目可细分为路基工程、路面工程、桥梁工程、交通设施安装工程等具体施工环节，分别测算每个子项目或施工环节的成本预算。

3. 构建项目评估模型与确定优先级

为了科学合理地确定预算项目的优先级，构建了多维度的项目评估模型。该模型通常涵盖以下几个关键维度：一是项目的战略相关性，即项目与政府整体战略目标和部门职能使命的契合程度。例如，在城市发展战略中，将基础设施建设项目（如地铁建设、城市快速路建设等）视为对城市空间拓展和经济发展具有高度战略相关性的项目，赋予较高的权重（如 0.3~0.4）。

二是项目的预期效益，包括经济效益、社会效益和环境效益等方面。对于经济效益，可通过成本 - 效益分析方法进行量化评估，如某产业扶持项目预计带动的新增投资金额、税收贡献增加额以及就业岗位创造数量等；对于社会效益，可采用定性与定量相结合的方式，如教育项目可通过毕业生的就业质量提升、社会人才培养贡献等指标进行间接量化评估，同时结合社会满意度调查等定性评价方法；对于环境效益，如环保项目可通过污染物减排量、生态环境改善指标（如森林覆盖率提高、水质改善程度等）进行量化评估。根据项目在不同效益方面的表现给予相应的评分，并乘以不同效益维度的权重（如经济效益权重 0.3、社会效益权重 0.4、环境效益权重 0.3）。

三是项目的实施可行性，包括技术可行性、经济可行性和管理可行性等方面。技术可行性主要评估项目所采用的技术方案是否成熟可靠，是否存在技术风险；经济可行性关注项目的资金来源是否稳定可靠，项目的成本控制是否合理可行；管理可行性则考察项目实施单位的组织管理能力、项目团队的专业素质以及项目管理流程是否规范高效。对每个可行性维度进行打分，并综合确定项目的可行性得分，作为优先级评估的一个重要因素。

将项目在战略相关性、预期效益和实施可行性等维度的得分进行加权汇总，得到每个预算项目的综合优先级评分。例如，某城市的智慧城市建设项目，由于其与城市数字化转型战略高度契合，预计将带来显著的经济效益（如提高城市管理效率、促进数字经济产业发展）和社会效益（如提升市民生活便捷性、增强城市竞争力），且在技术、经济和管理方面均具备较高的可行性，经过综合评估后，该项目在众多预算项目中获得较高的优先级评分，从而在资源分配中处于优先地位。

4.基于优先级的资源分配与预算编制

根据项目的优先级排序结果，结合财政资源的总量限制，进行资源分配与预算编制。首先，优先保障优先级高的项目所需资金，确保其能够顺利启动和实施。在人员类项目方面，按照核定的人员编制和合理的薪酬福利标准，足额安排人员经费预算，以维持政府部门和公共服务机构的正常运转。例如，根据教育部门的教师编制数量和当地教师工资标准，优先安排教师工资、社保缴费等人员类项目预算，确保教师队伍的稳定和教育教学活动的正常开展。

对于运转类项目，在满足基本运转需求的前提下，根据项目的优先级和财政资源状况，合理确定公用经费和专项运转费用的预算额度。如对承担重要公共服务职能且优先级较高的部门（如公安部门、应急管理部门等），适当倾斜公用经费预算，保障其高效履行职能所需的办公条件和设备维护资金；对于特定目标类项目，按照项目的详细规划和成本测算，依次为优先级高的项目分配资金，直至财政资源分配完毕或达到可承受的财政风险边界。例如，在城市基础设施建设项目中，优先为地铁建设项目分配资金，根据其工程进度计划和预算需求，分年度安排建设资金，同时考虑到其他基础设施项目（如城市道路改造、桥梁维修等）的优先级和资金需求，在财政资源允许的范围内进行合理调配，形成最终的财政预算草案。

二、滚动预算：原理、流程与实践要点

（一）滚动预算的理论内涵与发展脉络

滚动预算的理论根源在于对传统固定年度预算局限性的突破与超越。随着经济社会环境的日益复杂多变和不确定性因素的不断增加，传统的以一年

为周期的固定预算编制方法难以适应长期战略规划与短期动态变化的双重需求。滚动预算应运而生，其起源可追溯至 20 世纪 70 年代，旨在通过一种动态的、连续的预算编制机制，使预算能够更好地反映经济形势的波动、政策的调整以及项目执行过程中的变化情况，从而提高预算的适应性、准确性和前瞻性。

滚动预算的核心要点是以一个固定的较长预算周期（如 3 年或 5 年）为总体框架，在每个预算年度结束后，根据当年预算执行情况、经济形势变化、政策调整以及对未来发展趋势的预测，对剩余预算周期内的预算进行修订和完善，并同时补充下一个预算年度的预算计划，从而使预算始终保持一个连续滚动的状态，如同一个不断前行的"时间窗口"，持续反映最新的信息和变化，确保预算与实际情况的紧密衔接和长期战略目标的稳步推进。

（二）滚动预算在财政预算编制中的应用步骤

1. 整合长期战略规划与基础数据

以某省财政厅编制滚动预算为例，首先需要深入整合政府的长期战略规划与各类基础数据。长期战略规划包括省域经济发展战略（如产业结构调整规划、区域经济协同发展规划等）、社会事业发展规划（如教育中长期发展规划、医疗卫生服务体系建设规划、文化体育事业发展规划等）以及基础设施建设长期规划（如交通、能源、水利等基础设施的远景规划）等。这些规划文件明确了政府在未来较长时期内的战略目标、重点任务和发展方向，为滚动预算编制提供了宏观框架和战略指引。

同时，全面收集整理相关的基础数据，如过去多年（一般为 5~10 年）的财政收支数据，按照收入项目（税收收入、非税收入、转移性收入等）和支出项目（一般公共服务支出、教育支出、社会保障和就业支出、医疗卫生支出、城乡社区支出等）进行详细分类统计，并分析其变化趋势；宏观经济数据，包括地区生产总值、人均收入、物价指数、产业结构比例等指标的历史数据及变化趋势；人口数据，如人口总量、年龄结构、城乡人口分布、人口增长率等信息；以及其他相关的社会发展数据，如城市化水平、科技进步贡献率、环境保护指标等。例如，根据教育中长期发展规划中关于普及高等教育的目标和人口增长及结构变化趋势数据，预测未来几年高等教育入学人数的增长情况，为高等教育经费预算编制提供基础数据支持。

2. 编制初始年度预算并预留弹性空间

在确定了长期战略规划和基础数据整合的基础上，编制滚动预算的初始年度预算。按照常规预算编制流程，各预算单位根据自身职能职责和业务发展计划，申报预算项目和金额。财政部门在审核各单位申报预算时，不仅要考虑当年的财政收支平衡和项目需求，还要结合滚动预算的整体框架，对跨年度项目进行合理规划和安排。

例如，在编制某省交通基础设施建设滚动预算的初始年度预算时，交通部门申报了高速公路建设项目、普通公路升级改造项目以及公共交通设施改善项目等预算需求。财政部门在审核过程中，根据交通基础设施建设长期规划，对这些项目进行统筹安排，确定每个项目在初始年度的预算额度，并考虑到项目的跨年度特性，为后续年度预留合理的预算空间。同时，为了应对预算执行过程中的不确定性因素，在编制初始年度预算时，将预留一定比例的弹性资金（如 5%~10%）。这些弹性资金可用于应对临时性政策调整（如国家出台新的交通建设补贴政策）、突发公共事件（如自然灾害导致交通设施受损需要紧急抢修）或项目执行过程中的意外情况（如工程地质条件变化导致建设成本增加）等。

3. 年度预算执行监控与动态调整

在初始年度预算执行过程中，建立健全严格的预算执行监控机制。财政部门通过信息化系统实时跟踪各预算单位的预算执行进度、资金使用方向、项目实施情况等信息，并定期（如每月或每季度）进行分析总结。当发现预算执行出现偏差或经济形势、政策环境发生变化时，及时启动预算调整程序。

例如，在某年度预算执行到第三季度时，由于国际原油价格大幅上涨，导致省内交通运输企业成本急剧上升，财政收入中的燃油税收入出现下滑趋势。同时，国家出台了新的交通节能减排政策，要求地方加大对新能源公共交通车辆的购置和推广力度。在这种情况下，财政部门根据预算执行监控数据和政策变化情况，对剩余季度的预算进行调整。一方面，削减部分非关键交通项目的支出预算，如一些道路景观美化项目的预算额度；另一方面，增加对新能源公共交通车辆购置补贴项目的预算投入，并相应调整下一年度及后续年度滚动预算草案中的相关项目预算，将新能源公共交通发展作为未来几年交通预算的重点支持领域，同时考虑到燃油税收入的减少，调整其他收入来源或压缩部分一般性支出项目，以确保滚动预算在新的经济和政策环境下的平衡与可持续性。

4. 跨年度项目预算衔接与滚动更新

对于跨年度的重大项目，滚动预算注重其预算衔接与滚动更新。以某省大型水利枢纽工程建设项目为例，该项目总工期预计为 5 年，总预算为 50 亿元。在滚动预算编制过程中，根据项目可行性研究报告和初步设计方案，编制项目第一年的预算为 8 亿元，主要用于项目前期准备工作（如土地征用、移民安置、工程招投标等）和部分主体工程建设。

到了第二年，根据第一年的预算执行情况（如土地征用费用是否超支、移民安置工作是否顺利、主体工程建设进度是否达标等），对剩余四年的预算进行调整。如果第一年土地征用过程中遇到了一些特殊情况，导致费用超支10%，则在调整剩余年度预算时，需要考虑如何在后续年度弥补这部分超支资金，可能需要从其他项目预算中适当调剂或通过争取上级专项补助资金来解决。同时，根据项目实施过程中的技术优化方案或物价波动情况，重新评估后续年度的工程建设成本，调整相应年度的预算金额。例如，由于建筑材料价格上涨，预计第二年和第三年的主体工程建设成本将分别增加 5% 和 3%，则在滚动预算中相应增加这两年的预算额度，并在第四年和第五年的预算中合理安排工程竣工验收、设备调试以及后期维护等费用，确保整个项目在五年的滚动预算周期内资金安排合理、预算衔接顺畅，实现项目的顺利完工和交付使用。

第二节　预算执行过程中的监控与调整

一、预算执行监控指标体系框架构建

（一）支出进度指标

1. 含义

支出进度指标作为预算执行监控的关键时间维度度量，旨在精准刻画在特定时间区间内预算资金的实际拨付与消耗节奏相对于预算规划的契合程度。它不仅反映了预算执行的速率，更体现了各阶段资金分配的均衡性与合理性，是衡量预算执行时效性的核心标尺。

2.计算方法

设某一特定时段内的实际支出金额为 E，该时段预算安排金额为 B，则支出进度 $P=(E/B)\times100\%$。例如，在某省教育厅实施的"中小学信息化建设项目"中，年度预算安排为 1200 万元，若第一季度实际支出 280 万元，则该季度支出进度 $P=(280/1200)\times100\%\approx23.3\%$。

3.监控标准

对于常规性、按年度平均分配资源且无明显季节性波动的项目，理想的季度支出进度宜接近 25%，半年度进度趋近 50%，年度达成 100%。然而，诸如农业生产补贴项目，因其与农作物种植、收获周期紧密相连，支出高峰集中于特定农事季节，监控标准需依据项目特性与历史数据进行定制。以某省的小麦种植补贴项目为例，根据多年数据统计与农业生产规律，播种季前及收获季后的支出进度应分别控制在 10% 以内，而集中发放补贴的灌浆期前后，季度支出进度标准可设定为 60% 左右，以确保补贴资金及时、精准地服务于农业生产关键节点。

（二）资金流向合规性指标

1.含义

此指标聚焦于预算资金流转路径的合法性与预算用途限定的遵循性，犹如预算执行的"合规导航仪"，旨在杜绝资金在拨付、使用环节偏离法定与规划轨道，防范资金被非法挪用、侵占或擅自变更用途，从而保障预算资金的安全与预期功能的实现。

2.计算方法

设经审查发现的资金流向与规定用途不符的金额为 D，特定时段内总支出金额为 T，则资金流向合规性指标 $C=(T-D)/T\times100\%$。例如，在某城市的"轨道交通建设专项资金"项目中，某季度总支出 8000 万元，经审计发现有 300 万元被违规用于非轨道交通建设相关的行政办公支出，则该季度资金流向合规性指标 $C=(8000-300)/8000\times100\%=96.25\%$。

3. 监控标准

资金流向合规性指标的理想阈值为 100%，这意味着所有预算资金均严格按照既定用途流转与使用。在实际监控中，一旦该指标低于 95%（此阈值可依据地区财政管理严谨度与项目风险特性灵活设定），便需即刻触发深度调查与预警机制，对资金流向偏差进行溯源与纠正，确保预算资金在合规框架内稳健运行。

（三）项目绩效指标完成情况

1. 含义

项目绩效指标完成情况是从效益产出视角对预算执行质量与成效的量化评估，它依据项目立项时精心设定的多维度绩效目标（涵盖经济效益、社会效益、环境效益等领域），在预算执行进程中定期或动态地比对实际绩效成果与预设目标值的差距，从而精准判断项目在资源投入转化为预期效益过程中的有效性与达成度。

2. 计算方法

以某地区实施的"就业促进培训项目"为例，若设定培训后就业率提升为核心绩效指标之一。设培训前就业人数为 A，培训后就业人数为 B，参与培训总人数为 N，则就业率提升指标 $R=(B-A)/N×100\%$。再如，对于"城市污水处理设施升级改造项目"，以化学需氧量（COD）减排量作为关键环境效益指标，通过对比项目实施前后特定时段内污水排放口的 COD 平均浓度差值 ΔC 与处理水量 Q，计算 COD 减排量指标 $M=\Delta C×Q$，并与预设减排目标值进行比对评估。

3. 监控标准

在项目预算审批环节，应基于科学论证与行业基准，为每个绩效指标锚定明确、可衡量的目标值。如上述就业促进培训项目，依据当地就业市场需求与培训资源投入规模，设定培训后就业率提升 25% 为目标值。在监控过程中，当实际绩效指标完成情况与目标值的偏离幅度超过 ±10%（此容忍区间可依项目战略重要性与效益弹性灵活调整）时，即判定为绩效显著偏差，需深度剖析根源并及时启动绩效改进与预算调整策略。

二、预算执行监控过程与偏差发现

某大型水利枢纽工程建设项目，预算总金额高达 15 亿元，建设周期预计为 36 个月，涵盖大坝建设、水电站安装、灌溉渠道铺设等多个复杂子项目。

（一）利用信息化系统跟踪数据

该项目构建了高度集成的预算执行监控信息化平台，此平台与项目业主单位、各施工标段承包商、工程监理机构、原材料供应商以及项目资金托管银行等多主体的业务信息系统实现了全方位、实时化的数据交互与共享。例如，通过与施工承包商的项目管理信息系统对接，监控平台可每日自动获取各标段的土方开挖量、混凝土浇筑量、钢筋使用量等详细工程进度数据，并依据预设的工程预算单价，实时计算出相应的工程成本支出估算；同时，与银行系统的直连可确保每一笔资金支付信息（包括支付时间、支付金额、收款方信息、支付用途备注等）在款项划出瞬间即被采集至监控平台，实现资金流向的透明化与可追溯。

利用物联网技术，在大坝施工现场关键部位部署了大量传感器，如压力传感器、位移传感器、温度传感器等，这些传感器将大坝建设过程中的物理参数实时传输回监控平台，经过数据分析模型处理后，转化为工程结构安全与质量稳定性评估指标，为预算执行中的质量成本控制提供了前瞻性依据。例如，若大坝某部位压力传感器检测到压力值异常升高，监控平台可迅速关联该部位施工预算中的加固处理费用科目，预警可能的预算超支风险，并提示对施工方案进行审查与优化。

（二）监控过程与偏差发现

1. 支出进度监控

在项目推进至第 12 个月时，信息化平台显示累计支出金额为 4.2 亿元。按照详细的项目预算执行计划，此阶段应完成投资 5 亿元，经计算支出进度 $P=（4.2/5）\times100\%=84\%$，低于理想季度进度标准（应接近 33.3%，12 个月约为年度预算的三分之一）。深入分析发现，由于水电站设备供应商所在国家突发贸易政策调整，部分关键进口设备交付延迟，导致相关安装工程无法按时开展，与之对应的设备采购款及安装工程费用支付滞后，从而拖累了整体支出进度。

2.资金流向合规性监控

在月度资金流向合规性审查中，系统发现一笔1500万元的款项，预算规划用于大坝主体混凝土浇筑工程的原材料采购，但实际流向了一家与项目无直接关联的建筑装饰材料公司。经紧急调查，原来是项目业主单位财务部门在资金支付审核环节，因对供应商账户信息更新不及时，误将款项支付至错误账户。此次事件中，资金流向合规性指标 $C=(4.2\times10^8-1500\times10^4)/(4.2\times10^8)\times100\%\approx96.43\%$，虽未严重偏离标准，但已触发预警机制，要求立即追回资金并全面审查财务支付流程。

3.项目绩效指标完成情况监控

该水利枢纽工程设定了多项绩效指标，其中包括水电站发电装机容量按时交付率（目标值90%以上）、灌溉渠道覆盖农田面积达标率（目标值95%以上）等。在项目推进至第24个月时，根据工程进度报告与技术评估数据，预计水电站发电装机容量按时交付率仅能达到80%，灌溉渠道覆盖农田面积达标率为90%。进一步剖析原因，发现由于前期地质勘探数据部分不准确，导致水电站基础工程施工难度远超预期，工期延误，进而影响发电装机容量的按时交付；而灌溉渠道铺设工程因部分地区土地征收协调问题，局部路线被迫调整，影响了覆盖面积达标率。

三、预算执行偏差的调整策略与操作流程

（一）支出进度偏差调整

1.预算调剂策略

鉴于水电站设备交付延迟导致的支出进度滞后，项目业主单位会同设计单位、施工单位与财务顾问，对项目预算进行了全面梳理与优化。经评估，发现大坝附属设施工程（如坝顶道路建设、防护栏杆安装等）预算相对宽松，且这些附属设施施工的时间弹性较大，对整个水利枢纽工程的核心功能与关

键工期影响较小。于是，制订了预算调剂方案，从大坝附属设施工程预算中调剂 3000 万元至水电站设备采购与安装工程，用于加快进口设备的国产化替代进程或支付因设备延迟交付而产生的额外费用（如设备仓储费、违约金协商费用等），以推动支出进度回归正轨并保障项目整体工期。

2. 操作流程

项目业主单位首先组织内部专业团队编制详尽的预算调剂申请报告，报告内容涵盖调剂背景与原因阐述、涉及的预算科目调整明细、调剂金额的精确计算依据、调剂前后项目整体预算结构对比分析以及对项目关键路径工期、质量、效益等方面的潜在影响评估等。该报告经业主单位内部预算管理委员会、技术专家委员会及法务合规部门联合审议通过后，提交至上级主管部门（如水利厅）审核。主管部门组织相关领域专家与财务监管人员对调剂申请进行深入评审，重点考量调剂方案的技术可行性、经济合理性、合规合法性以及对区域水利战略规划的适配性。评审通过后，由主管部门出具正式的预算调剂批复文件，业主单位依据批复文件在项目财务管理信息系统中进行预算数据的精准调整，并同步更新项目预算执行计划与监控指标体系，确保后续预算执行与监控活动在新的预算框架下有序开展。

（二）资金流向合规性偏差调整

1. 资金追回与纠正策略

在发现资金误支付至错误账户的 1 小时内，项目业主单位立即启动应急资金追回程序。一方面，财务部门紧急联系开户银行，出具正式的资金追回申请函与错误支付证明文件，请求银行冻结错误账户内的 1500 万元款项，并按照相关金融法规与支付结算流程将资金原路退回至项目资金专户；另一方面，业主单位向误收款项的建筑装饰材料公司发送正式的退款通知函，阐明资金误付情况及法律依据，要求其配合退款事宜。同时，全面梳理与审查财务部门的资金支付审核流程与内部控制制度，对涉及此次错误支付的相关责任人进行严肃问责，并制订详细的财务人员培训与再教育计划，强化资金支付风险防范意识与操作规范。

2. 操作流程

财务部门在发现错误支付的第一时间，即向银行提交《资金追回申请书》，申请书详细注明了错误支付的时间、金额、付款账户信息、收款账户信息、错误原因说明以及要求银行采取的冻结与退回操作指令等关键信息，并附上相关的合同文件、预算文件、支付凭证等证明材料。银行在收到申请后，依据金融监管法规与内部操作流程，对错误账户进行资金冻结，并在3个工作日内完成资金原路退回操作。同时，业主单位向误收款项公司发送的退款通知函通过挂号信、电子邮件及法务公证送达等多种方式确保对方有效接收，并要求对方在收到通知后的5个工作日内回复退款确认信息。在资金退回项目专户后，业主单位财务部门在财务管理信息系统中对该笔资金支付记录进行红字冲销处理，并详细备注资金追回原因与处理过程，同时向主管部门及财政监管部门提交资金追回情况报告，接受监督与审查。

（三）项目绩效指标完成情况偏差调整

1. 项目延期与资源调配策略

针对水电站发电装机容量按时交付率不足的问题，项目业主单位组织国内外专家团队进行了多轮技术论证与方案优化。最终决定在保障工程质量与安全的前提下，适当延长水电站主体工程工期6个月，并从项目总预算中额外调配5000万元专项用于攻克地质难题与优化施工工艺。这笔资金主要来源于项目预算中的预留风险准备金以及对部分非关键子项目（如水利枢纽管理区绿化工程、部分临时施工道路后期维护工程等）预算的削减与整合。同时，为提高灌溉渠道覆盖农田面积达标率，积极协调地方政府与土地征收部门，加大土地征收工作力度，并追加2000万元用于渠道改线与优化设计，确保灌溉渠道能够按照调整后的规划覆盖更多农田，实现项目社会效益的最大化。

2. 操作流程

业主单位首先委托专业的工程咨询机构与绩效评估机构对项目绩效偏差情况进行全面、深入的量化评估与根源剖析，编制形成《项目绩效偏差评估与调整方案报告》。报告内容包括绩效偏差现状描述、偏差原因详细分析（从技术、管理、外部环境等多维度展开）、调整后的绩效目标设定（如重新确定水电站发电装机容量按时交付时间节点、灌溉渠道覆盖农田面积的修订目标值等）、资源调配方案（包括资金来源与去向明细、人力物力资源的重新配置计划等）以及调整方案对项目整体成本效益、工期进度、质量安全等方面的综合影响评估与风险应对措施等。该报告经业主单位内部高层决策会议审议通过后，依次提交至上级主管部门、财政部门、审计部门以及相关利益方（如地方政府代表、用水农户代表等）进行广泛征求意见与联合评审。在获得各方认可与批准后，业主单位正式发布《项目绩效调整实施指令》，全面启动项目延期与资源调配工作，并在项目管理信息系统中同步更新项目绩效指标、预算数据、工期计划等关键信息，建立动态监控机制，确保调整后的项目能够按照新的目标与计划顺利推进。

第三节　预算绩效评估的精细化措施

一、预算绩效评估的精细化指标设计

（一）经济效益指标设计

1. 净现值（*NPV*）

含义：净现值是指特定方案未来现金流入的现值与未来现金流出的现值之间的差额。它考虑了资金的时间价值，通过将项目在整个生命周期内的所有现金流量按照一定的折现率折现到当前时点，来评估项目在经济上的可行性和盈利性。

计算方法：$NPV = \sum_{t=0}^{n} \dfrac{CF_t}{(1+r)^t}$，其中 CF_t 表示第 t 期的现金流量（现金流入为正，现金流出为负），r 为折现率，n 为项目的寿命周期。例如，一个为期 5 年的项目，初始投资 1000 万元（即 $CF_0 = -1000$ 万元），第 1 年现金流入 300 万元，第 2 年现金流入 400 万元，第 3 年现金流入 500 万元，第 4 年现金流入 400 万元，第 5 年现金流入 300 万元，假设折现率 $r=10\%$。则

$$NPV = -1000 + \dfrac{300}{(1+0.1)^1} + \dfrac{400}{(1+0.1)^2} + \dfrac{500}{(1+0.1)^3} + \dfrac{400}{(1+0.1)^4} + \dfrac{300}{(1+0.1)^5}$$。通过计算

可得 NPV 的值，若 $NPV>0$，则项目在经济上可行且有盈利空间；若 $NPV=0$，项目收支平衡；若 $NPV<0$，项目可能面临亏损。

权重确定：采用层次分析法（AHP）。首先构建判断矩阵，将经济效益指标下的净现值与其他经济效益指标（如投资回报率、内部收益率等）进行两两比较。例如，邀请专家对净现值与投资回报率的相对重要性进行打分，假设专家认为净现值相对投资回报率在衡量项目经济效益时稍微重要，给予净现值与投资回报率的比较值为3，投资回报率与净现值的比较值为1/3。以此类推构建完整的判断矩阵，然后计算判断矩阵的最大特征值及其对应的特征向量，进行一致性检验。经检验合格后，将特征向量归一化处理得到净现值在经济效益指标体系中的权重。

2. 经济增加值（*EVA*）

含义：经济增加值是指从税后净营业利润中扣除包括股权和债务的全部投入资本成本后的所得。它反映了企业或项目为股东创造的真正价值，强调了资本使用的效率。

计算方法：$EVA=NOPAT-WACC \times TC$，其中 $NOPAT$ 为税后净营业利润，$WACC$ 为加权平均资本成本，TC 为投入资本总额。例如，某项目的税后净营业利润为500万元，加权平均资本成本为12%，投入资本总额为3000万元，则 $EVA=500-0.12 \times 3000=140$ 万元。EVA 的值越大，说明项目在扣除资本成本后创造的价值越高。

权重确定：同样运用层次分析法。在构建判断矩阵时，与其他经济效益指标比较，如与净现值比较，专家根据项目的特点和关注重点进行打分。若项目更注重资本使用效率的短期体现，可能给予经济增加值相对较高的比较值。通过一系列计算和检验后确定其在经济效益指标中的权重。

（二）社会效益指标设计

1. 社会公平指标

含义：社会公平指标旨在衡量项目对不同社会群体利益分配的均衡程度以及对社会公平性的影响。例如，在教育项目中，衡量不同地区、不同阶层学生获得教育资源的公平性；在基础设施项目中，关注不同区域居民享受基础设施服务的均等化程度。

计算方法：对于教育资源分配公平性，可以采用基尼系数的计算原理进行变形。设 x_i 为第 i 个地区或群体的教育资源占有量（如生均教育经费、师资

数量等），μ 为所有地区或群体教育资源占有量的平均值，n 为地区或群体的数量。则社会公平指标 $SFI=\frac{1}{2n^2\mu}\sum_{i=1}^{n}\sum_{j=1}^{n}|x_i-x_j|$。该值越接近 0，说明社会公平性越高；越接近 1，则公平性越低。例如，在一个城市的教育资源评估中，有 5 个区域，计算出各区域生均教育经费的 SFI 值为 0.2，表明存在一定程度的教育资源分配不均衡情况。

权重确定：通过德尔菲法确定权重。邀请多轮不同领域的专家（如社会学专家、经济学专家、项目所属行业专家等）对社会公平指标与其他社会效益指标（如就业创造指标、社会稳定指标等）进行多轮独立评价和打分。每轮打分后，汇总专家意见并反馈给专家，专家根据反馈调整自己的打分。经过多轮迭代后，取专家打分的平均值确定社会公平指标在社会效益指标体系中的权重。

2. 社会稳定指标

含义：衡量项目实施对社会秩序、居民生活稳定性的影响。例如，大型建设项目拆迁安置过程中的居民满意度、社会矛盾发生率等都可以作为社会稳定指标的子指标。

计算方法：以居民满意度为例，可以通过问卷调查获取数据。设满意的居民数量为 S，调查的居民总数为 T，则居民满意度 $SSI=\frac{S}{T}\times100\%$。对于社会矛盾发生率，设发生社会矛盾的事件数量为 C，项目涉及的总事件数量为 E，则社会矛盾发生率 $SCI=\frac{C}{E}\times100\%$。综合这些子指标，可以采用加权平均的方法得到社会稳定指标的值。例如，居民满意度权重为 0.6，社会矛盾发生率权重为 0.4，若居民满意度为 80%，社会矛盾发生率为 10%，则社会稳定指标 $SSI_{overall}=0.6\times0.8+0.4\times(1-0.9)=0.78$。

权重确定：采用层次分析法构建判断矩阵。将社会稳定指标与其他社会效益指标进行两两比较，如与社会公平指标比较，根据项目对社会稳定和公平的侧重需求，由专家确定比较值。例如，对于一个涉及大量居民安置的项目，可能社会稳定指标相对更重要，给予较高的比较值。经过计算和检验后确定其权重。

（三）生态效益指标设计

1. 生态系统服务价值指标

含义：生态系统服务价值是指生态系统与生态过程所形成及所维持的人类赖以生存的自然环境条件与效用，包括供给服务（如提供食物、水等）、调节服务（如气候调节、洪水调节等）、文化服务（如美学价值、休闲娱乐价值等）和支持服务（如土壤形成、生物多样性维护等）。通过对项目影响区域内生态系统服务价值的评估，可以衡量项目对生态环境的综合影响。

计算方法：采用市场价值法、替代成本法等多种方法综合评估。例如，对于森林生态系统的水源涵养服务价值，可以根据森林涵养的水量以及水的市场价值来计算。设森林涵养水量为 Q 立方米，水的市场价格为 P 元 / 立方米，则水源涵养服务价值 $ESV_{water}=Q \times P$。对于调节气候服务价值，可以参考碳汇交易市场价格，根据森林吸收二氧化碳的量计算其价值。将各项生态系统服务价值相加得到总的生态系统服务价值指标。例如，一个森林保护项目，计算出其水源涵养服务价值为 100 万元，调节气候服务价值为 80 万元，文化服务价值为 50 万元，支持服务价值为 30 万元，则生态系统服务价值指标 $ESV_{total}=100+80+50+30=260$ 万元。

权重确定：运用熵权法确定权重。首先对各项生态系统服务价值指标进行标准化处理，设第 i 个样本（如不同区域或不同年份的生态系统服务价值数据）的第 j 项指标值为 x_{ij}，标准化后的值为 y_{ij}。然后计算第 j 项指标的信息熵 e_j，根据信息熵计算权重 $w_j = \dfrac{1-e_j}{\sum_{j=1}^{m}(1-e_j)}$，其中 m 为指标的数量。通过这种方法确定各项生态系统服务价值在生态效益指标体系中的权重，使得权重确定更加客观，减少主观因素的影响。

2. 生态足迹指标

含义：生态足迹是指能够持续地提供资源或消纳废物的、具有生物生产力的地域空间，它显示了在现有技术条件下，指定的人口单位内（一个人、一个城市、一个国家或全人类）需要多少具备生物生产力的土地和水域，来生产所需资源和吸纳所衍生的废物。通过计算项目的生态足迹，可以评估项目对自然资源的占用和对生态环境的压力。

计算方法：生态足迹的计算包括生物资源账户和能源账户等多个方面。对于生物资源账户，设第 i 种生物资源的消费量为 C_i，世界平均产量为 Y_i，则生物资源的生态足迹 $EF_{bio} = \sum_{i=1}^{n} \frac{C_i}{Y_i}$。对于能源账户，设第 j 种能源的消费量为 E_j，能源的全球平均能源足迹为 ef_j，则能源的生态足迹 $EF_{energy} = \sum_{j=1}^{m} \frac{E_j}{ef_j}$。项目总的生态足迹 $EF_{total} = EF_{bio} + EF_{energy}$。例如，一个工业项目，计算出其生物资源的生态足迹为 50 公顷，能源的生态足迹为 30 公顷，则总的生态足迹为 80 公顷。生态足迹越大，说明项目对生态环境的压力越大。

权重确定：采用主成分分析法确定权重。将生态足迹指标与其他生态效益指标（如生态系统服务价值指标）一起进行主成分分析。通过对原始数据进行标准化处理，计算相关系数矩阵，确定特征值和特征向量，选取主成分并计算主成分得分。根据主成分的贡献率确定生态足迹指标在生态效益指标体系中的权重。这种方法可以在多指标情况下，提取主要信息，避免指标之间的多重共线性问题，使权重确定更加科学合理。

二、评估方法的原理与应用步骤

（一）成本 – 效益分析

1. 原理

成本 – 效益分析基于福利经济学原理，旨在将项目的所有成本和效益以货币形式量化，并进行比较。在市场经济条件下，资源是稀缺的，任何项目的实施都需要消耗资源，而成本 – 效益分析就是要判断项目消耗资源所带来的效益是否值得，从而为项目决策提供依据。它假设个人和社会都追求效用最大化，通过比较项目的成本和效益来确定项目是否能够增加社会总福利。

2. 应用步骤

（1）成本识别与分类

直接成本识别：对于一个建设项目，直接成本包括土地购置成本、建筑材料采购成本、设备采购成本、施工人员工资等。例如，一个桥梁建设项目，土地购置花费 500 万元，建筑材料采购花费 3000 万元，设备采购花费 1000 万元，施工人员工资支出 800 万元等。这些成本可以直接归因于项目的建设活动，并且能够较为准确地计量。

间接成本识别：间接成本包括项目建设期间对周边环境的影响成本（如噪声污染治理成本、交通拥堵成本等）、项目运营期间的管理成本等。例如，由于桥梁建设导致周边交通拥堵，使周边企业货物运输时间增加，根据企业运输成本的增加和受影响的运输量估算交通拥堵成本为 200 万元；噪声污染治理成本预计为 50 万元；项目运营期间每年的管理成本为 100 万元等。

（2）效益识别与分类

直接效益识别：直接效益如桥梁建成后收取的过桥费收入、缩短周边居民出行时间带来的时间价值节省等。假设桥梁每年过桥费收入预计为 500 万元，根据周边居民出行人数、平均工资水平以及出行时间缩短量估算居民出行时间节省的价值为 300 万元等。

间接效益识别：间接效益包括促进周边区域经济发展带来的税收增加、土地增值等。例如，由于桥梁的建设，周边区域商业更加繁荣，预计每年新增税收 200 万元；周边土地价值从原来的每亩 10 万元上升到每亩 15 万元，若周边可开发土地面积为 100 亩，则土地增值效益为 500 万元等。

成本与效益的货币化计量：将识别出的成本和效益按照市场价格、影子价格等方法进行货币化计量。例如，对于居民出行时间节省的价值，采用影子价格法，根据当地居民平均小时工资率乘以节省的小时数来计算。对于环境影响成本，如噪声污染治理成本，根据治理所需的设备、材料和人工费用进行计算。

成本 – 效益比较与决策：计算成本 – 效益比（$BCR = \dfrac{效益总和}{成本总和}$）或净现值（NPV）等指标。如果 $BCR > 1$ 或 $NPV > 0$，且项目在其他方面（如社会公平性、生态环境影响等）也符合要求，则项目在经济上是可行的，可以考虑实施；如果 $BCR < 1$ 或 $NPV < 0$，则需要重新审视项目的规划、成本控制措施或效益提升策略，或者考虑放弃项目。

（二）平衡计分卡

1. 原理

平衡计分卡从财务、客户、内部业务流程、学习与成长四个维度构建绩效评估体系，它基于系统理论和战略管理理论，将组织的战略目标分解为可衡量的绩效指标,并通过这些指标之间的因果关系链,实现对组织绩效的全面、系统和动态评估。它认为组织的绩效不仅仅取决于财务指标,还与客户满意度、内部业务流程的优化以及组织的学习与成长能力密切相关。通过平衡计分卡,可以使组织在追求财务目标的同时,注重非财务方面的绩效提升,从而实现组织的可持续发展。

2. 应用步骤

(1)战略目标分解:以一家医院的绩效评估为例

财务维度目标分解:提高医院的盈利能力和资金使用效率。分解出的指标包括医疗服务收入增长率、成本控制率、资产回报率等。例如,设定医疗服务收入增长率目标为每年10%,通过提高医疗服务价格、增加服务项目、扩大服务人群等策略来实现;成本控制率目标为将运营成本降低5%,通过优化采购流程、合理配置人力资源等措施来达成;资产回报率目标为15%,通过提高资产利用率、减少闲置资产等方式来实现。

客户维度目标分解:提高患者满意度和忠诚度。指标包括患者满意度调查得分、患者投诉率、患者复诊率等。例如,设定患者满意度调查得分目标为90分以上(满分100分),通过改善医疗服务态度、提高医疗技术水平、优化就医环境等手段来提高患者满意度;患者投诉率目标为低于5%,通过建立完善的投诉处理机制来降低患者投诉率;患者复诊率目标为30%以上,通过提供优质的后续医疗服务、建立患者健康档案跟踪管理等措施来提高患者复诊率。

内部业务流程维度目标分解:优化医疗服务流程和提高医疗质量。指标包括平均住院日、手术成功率、医疗事故发生率等。例如,设定平均住院日目标为7天以内,通过优化入院检查流程、合理安排治疗方案、加强术后康复管理等措施来实现;手术成功率目标为95%以上,通过加强医生培训、引进先进手术设备、完善手术风险评估机制等方法来提高手术成功率;医疗事故发生率目标为低于1%,通过建立严格的医疗质量监控体系、加强医护人员职业道德教育等措施来降低医疗事故发生率。

学习与成长维度目标分解:提升医护人员专业素质和医院的信息化水平。指标包括医护人员培训时长(设定每年人均培训时长不少于100小时,通过组织内部培训课程、邀请外部专家举办讲座、安排学术交流活动等多种形式,确保医护人员不断更新专业知识和技能,跟上医学领域的发展步伐。例如,每月安排 8~10 小时的内部业务培训，每季度邀请一次知名专家举行专题讲座，每年选派部分优秀医护人员参加国内外学术会议等，以满足培训时长要求并丰富培训内容）、医护人员职称晋升率（目标为每年不低于 10% 的医护人员获得职称晋升。医院制订完善的人才培养计划，鼓励医护人员参与科研项目、撰写学术论文、承担教学任务等，为职称晋升创造有利条件。同时，建立公平公正的职称评审机制，依据医护人员的业务能力、科研成果、教学水平等多方面表现进行综合评定，促进医护人员积极提升自身综合素质）、医院信息化水平提升［衡量指标包括电子病历系统的功能完善度、医院信息系统（HIS）的覆盖率、远程医疗服务的开展情况等。例如，不断优化电子病历系统，实现病历信息的全面数字化、结构化存储，方便医护人员随时查阅和共享患者信息，提高诊疗效率；确保 HIS 系统覆盖医院各个业务部门，如门诊挂号、住院管理、药房管理、财务管理等，实现信息的互联互通，减少人工操作和信息孤岛现象；积极开展远程医疗服务，与上级医疗机构或专家建立远程会诊平台，让患者在本地就能享受到高水平的医疗诊断和治疗建议，提升医院的医疗服务辐射范围和影响力］。

（2）指标设定与权重分配

财务维度：医疗服务收入增长率权重为 0.3，成本控制率权重为 0.3，资产回报率权重为 0.4。通过合理的权重分配，既强调了医院在增加收入方面的努力，也注重了成本控制和资产运营效率的重要性。例如，如果医院过度追求收入增长而忽视成本控制，可能会导致整体绩效不理想，因为成本控制率的权重也占到了 0.3，会对财务维度的综合得分产生较大影响。

客户维度：患者满意度调查得分权重为 0.4，患者投诉率权重为 0.3，患者复诊率权重为 0.3。患者满意度是直接反映客户体验的关键指标，所以给予较高权重。而患者投诉率和复诊率作为补充指标，从不同角度衡量患者对医院服务的认可度和忠诚度，三者共同构成客户维度的绩效评估依据。

内部业务流程维度：平均住院日权重为 0.3，手术成功率权重为 0.4，医疗事故发生率权重为 0.3。手术成功率直接关系到医疗质量和患者安全，是核心指标之一，故权重较高。平均住院日和医疗事故发生率则分别从医疗效率和医疗风险控制方面进行考量，确保医院在注重手术质量时，也能优化整体医疗服务流程，降低医疗事故风险。

学习与成长维度：医护人员培训时长权重为 0.3，医护人员职称晋升率权重为 0.3，医院信息化水平提升权重为 0.4。在当今数字化医疗时代，医院信息化水平对于提升医疗服务质量和管理效率起着日益重要的作用，所以给予较高权重。医护人员培训时长和职称晋升率则有助于保障医院的人才储备和专业发展动力，三者协同促进医院的可持续发展。

（3）数据收集与绩效计算

①数据收集

财务维度：从医院财务部门获取医疗服务收入、成本支出、资产总额等数据，每月进行统计和整理，以便计算医疗服务收入增长率、成本控制率和资产回报率。例如，每月 5 日前，财务部门将上月的财务报表数据提供给绩效评估小组，包括门诊收入、住院收入、药品采购成本、设备折旧费用、人员工资支出等明细数据，确保数据的及时性和准确性。

客户维度：通过定期开展患者满意度调查（如每月一次）收集患者满意度得分，同时统计患者投诉数量和复诊人数，计算患者投诉率和复诊率。患者满意度调查采用线上线下相结合的方式，在门诊大厅、住院病房设置问卷投放点，同时通过医院官方网站和微信公众号发布电子问卷，广泛收集患者意见和建议。患者投诉信息由医院投诉管理部门统一记录和整理，每月汇总给绩效评估小组。

内部业务流程维度：由医院信息系统记录患者住院时间，统计平均住院日；手术部门记录手术成功数量和总手术数量，计算手术成功率；医疗质量监控部门负责统计医疗事故发生数量，计算医疗事故发生率。例如，HIS 系统自动记录患者入院时间和出院时间，绩效评估小组每月从系统中提取数据计算平均住院日；手术部门在每台手术结束后及时更新手术成功与否的信息，每月向绩效评估小组报送手术统计数据；医疗质量监控部门建立医疗事故报告制度，一旦发生事故，立即详细记录并分析原因，每月将医疗事故发生情况汇总上报。

学习与成长维度：人力资源部门记录医护人员培训时长和职称晋升情况，信息科负责评估医院信息化水平提升情况。例如，人力资源部门建立医护人员培训档案，详细记录每次培训的时间、内容、授课教师等信息，每年统计医护人员培训总时长和职称晋升人数，报送给绩效评估小组；信息科定期对电子病历系统、HIS 系统等进行功能评估和升级记录，根据远程医疗服务的开展次数、覆盖范围等指标评估医院信息化水平提升情况，并形成报告提交给绩效评估小组。

②绩效计算

根据设定的指标和权重，采用加权平均法计算各维度绩效得分和综合绩效得分。例如，某季度财务维度绩效得分计算如下：假设医疗服务收入增长率为 8%，得分 0.8（满分 1 分，按比例计算）；成本控制率为 4%，得分 0.8；资产回报率为 12%，得分 0.96。则财务维度绩效得分 =0.8×0.3+0.8×0.3+0.96×0.4=0.864。同理计算其他维度绩效得分，假设客户维度绩效得分为 0.82，内部业务流程维度绩效得分为 0.88，学习与成长维度绩效得分为 0.75。则综合绩效得分 =0.864×0.25+0.82×0.25+0.88×0.25+0.75×0.25=0.8285（假设四个维度权重均为 0.25）。

（4）绩效反馈与改进

①绩效反馈

内部反馈：绩效评估小组将评估结果形成详细报告，每季度召开全院绩效反馈会议，向医院领导班子、各科室负责人和医护人员代表通报绩效情况。在会议上，不仅公布各维度绩效得分和综合绩效得分，还深入分析绩效优秀和不足的方面及原因。例如，对于财务维度，如果发现成本控制率未达到目标，分析是由于药品采购价格过高还是由于人员冗余导致成本上升；对于客户维度，如果患者满意度较低，详细说明是服务态度、医疗技术还是就医环境等方面存在问题；对于内部业务流程维度，如果手术成功率有待提高，探讨是医生技术培训不足还是手术设备老化需要更新等；对于学习与成长维度，如果医护人员职称晋升率不高，分析是培训效果不佳还是科研氛围不浓等原因。通过这种全面深入的反馈，让全院员工清楚了解医院整体绩效状况和自身工作的关联，明确改进方向。

外部反馈：向卫生行政部门、医保机构等外部利益相关者报送绩效评估结果，接受外部监督和指导。同时，根据患者需求和社会期望，适时调整医院发展战略和绩效评估指标体系。例如，卫生行政部门可能根据医院绩效评估结果，对医院的资源配置、学科建设等方面提出建议和要求；医保机构可能依据绩效情况，与医院协商医保报销政策和费用控制措施；医院也可以通过患者意见箱、社区座谈会等形式收集外部反馈，了解患者和社会对医院服务的新需求，如增加特色专科服务、开展健康科普活动等，进而调整绩效评估指标体系，将这些新要求纳入考核范围，促进医院不断提升服务质量和社会满意度。

②改进措施

财务维度改进：针对成本控制率未达标的情况，成立采购成本控制小组，对药品、设备等采购流程进行优化，建立供应商比价和谈判机制，降低采购成本。同时，开展人力资源优化项目，根据各科室业务量合理配置人员，减少人员闲置和浪费。例如，采购成本控制小组通过与多家药品供应商谈判，成功将部分常用药品采购价格降低10%~15%；人力资源优化项目经过对各科室工作量的详细评估，调整了部分科室人员结构，减少了不必要的加班费用支出，预计每年可节约成本200万元左右。

客户维度改进：如果患者满意度较低是因为服务态度问题，开展全院服务意识培训活动，制定服务规范和考核标准，将患者满意度与医护人员绩效挂钩。若就医环境存在不足，加大对医院基础设施建设的投入，如改善病房条件、优化门诊布局等。例如，服务意识培训活动每月开展一次，持续半年后，患者对服务态度的投诉明显减少；医院投入500万元对门诊大厅进行了重新装修和布局优化，增加了休息区域和导医服务台等，患者就医体验得到显著改善。

内部业务流程维度改进：为提高手术成功率，加强与国内外知名医疗机构的技术交流与合作，选派优秀医生外出进修学习，引进先进手术技术和设备。同时，完善手术风险评估体系，增加术前多学科会诊环节，降低手术风险。例如，与某知名三甲医院建立合作关系，每年选派5~10名医生进修学习，引进了两项先进手术技术；完善手术风险评估体系后，手术风险得到有效控制，手术成功率提高了3~5个百分点。

学习与成长维度改进：为提升医护人员职称晋升率，设立科研基金，鼓励医护人员开展科研项目，与高校合作建立科研培训基地，提高医护人员科研能力。同时，完善医院信息化培训体系，提高医护人员对电子病历系统和HIS系统的操作熟练程度。例如，科研基金每年投入100万元，已资助多项科研项目，部分项目成果已在国内外学术期刊发表；通过完善信息化培训体系，医护人员对医院信息系统的操作失误率降低了50%，提高了工作效率和医疗服务质量。

第四章 税收征管精细化管理策略

第一节 纳税人信息管理的精细化

一、纳税人信息管理的目标与重要性

（一）目标

1. 精准计税与足额征收

通过对纳税人基本信息（如登记注册类型、经营范围等）、财务信息（资产、负债、收入、成本等各项财务数据）以及纳税记录（各税种历次申报纳税金额、申报时间、缴纳情况等）的全面掌握，运用精确的税收计算规则与逻辑，确保每一位纳税人的应纳税额计算准确无误。例如，对于增值税一般纳税人，依据其销售货物或提供劳务的增值额，结合适用税率，准确计算出当期应缴纳的增值税额，避免因信息缺失或错误导致的税收少征或多征情况，保障国家税收收入的稳定足额入库。

2. 个性化纳税服务供给

深度分析纳税人信息，挖掘纳税人的个性化需求特征。依据纳税人的行业属性、经营规模、纳税信用等级等信息，为其量身定制纳税服务套餐。如为新办企业提供详细的办税流程指引、税收政策入门解读等基础服务；为大型企业集团则提供复杂税收政策咨询、跨区域税收协调等高阶服务，提高纳税人对纳税服务的满意度与获得感，进而提升纳税遵从度。

3. 风险预警与合规监管强化

实时监控纳税人信息的动态变化，借助大数据分析技术与风险预警模型，

设定风险指标阈值。当纳税人的财务指标波动异常（如毛利率急剧下降、费用率大幅上升等）、纳税申报数据出现逻辑矛盾（如进项税额与销项税额配比严重失衡）或与同行业平均水平偏离度过大时，系统自动触发风险预警。税务部门据此及时介入，开展纳税评估或税务稽查等监管措施，有效防范税收违法行为，维护税收征管秩序的公正与稳定。

（二）重要性

1. 税收是公平正义的基石

在缺乏精准纳税人信息管理的情况下，税收制度难以公平公正地实施。例如，若不能全面掌握纳税人的综合所得（工资薪金、劳务报酬、稿酬、特许权使用费等）信息，高收入群体可能通过分散收入来源、隐匿收入等手段逃避个人所得税，而中低收入群体则依法如实纳税，导致税负分配严重不公。只有精细化管理纳税人信息，才能确保相同经济状况和纳税能力的纳税人承担相同的税负，不同经济状况的纳税人税负合理差异，使税收真正成为调节社会经济分配的公平杠杆。

2. 征管效能提升的核心要素

精细化的纳税人信息管理可大幅优化税收征管流程。传统征管模式下，税务人员需耗费大量精力在资料收集、数据核对等基础工作上。而借助完善的纳税人信息数据库，税务部门能够实现信息的自动比对、审核与分析。例如，在企业所得税汇算清缴时，系统可自动提取企业财务报表数据与预缴申报数据进行比对，快速定位差异点并提示疑点，极大地缩短了审核时间，减少了人工干预带来的误差与效率低下问题，使税务人员能够将更多精力投入到高附加值的税收风险管理与纳税服务优化工作中，从而显著提升税收征管的整体效能。

3. 宏观经济决策的关键依据

纳税人信息是微观经济运行状况的直观反映。通过对海量纳税人信息的汇总、整理与深度分析，能够精准洞察不同行业、不同地区的经济发展态势、企业盈利能力、居民收入水平与消费能力等宏观经济变量。例如，分析制造业企业的销售收入、利润增长趋势以及投资规模变化，可判断制造业的景气程度与发展瓶颈；研究房地产行业纳税人的开发投资、销售数据，有助于把据房地产市场的供求关系与价格走势。这些基于纳税人信息分析得出的结论，为政府制定科学合理的财政政策（如税收政策调整、财政支出投向）、产业政策（扶持新兴产业、调整传统产业结构）以及货币政策（利率、货币供应量调整的经济影响评估）提供了不可或缺的关键数据支撑，促进宏观经济在稳定、健康、可持续的轨道上运行。

二、信息数据库的架构设计与功能模块

（一）架构设计

1. 数据层架构

选用大型关系型数据库（如 Oracle12c）构建核心数据存储库，用于存储纳税人的结构化数据。针对纳税人基本信息，建立专门的纳税人基本信息表，包含纳税人识别号（统一社会信用代码）、纳税人名称、法定代表人姓名、身份证号码、注册地址、联系电话、登记注册类型、经营范围、开业日期等字段，确保每个纳税人的基本身份标识与经营轮廓清晰可辨。对于财务信息，依据财务报表的科目体系，构建资产负债表数据表（存储资产、负债各明细项目的期初余额、期末余额等数据）、利润表数据表（记录收入、成本、费用等项目的本期发生额与累计发生额）以及现金流量表数据表等，以便对纳税人的财务状况进行全面、细致的剖析。纳税记录则存储在纳税申报数据表中，涵盖各税种（增值税、企业所得税、个人所得税等）的申报日期、申报所属期、申报金额、实缴金额、滞纳金金额、是否享受税收优惠等详细信息，为税收征管与风险评估提供完整的纳税历史轨迹。

针对纳税人提交的非结构化数据（如发票扫描件、合同文档、税务审计报告等），引入分布式文件存储系统（如 Ceph）进行存储管理。在关系型数据库中建立非结构化数据索引表，通过唯一标识符（如文件哈希值）将非结构化数据与纳税人基本信息及相关业务数据进行关联映射，实现结构化与非结构化数据的有机整合，方便税务人员在需要时能够快速定位与调阅相关非结构化数据资源。

2. 业务逻辑层设计

采用面向服务架构（SOA）理念，将纳税人信息管理的业务逻辑封装为

一系列独立的服务组件。例如，数据验证服务组件负责对纳税人信息录入与更新时的数据合法性、完整性进行严格校验。在纳税人基本信息录入时，检查纳税人识别号的唯一性与格式正确性、法定代表人身份证号码的有效性等；在财务信息录入时，验证财务数据的勾稽关系（如资产负债表的资产总计等于负债总计与所有者权益总计之和）以及数据的数值范围合理性（如营业收入不应为负数）。数据更新服务组件则根据业务规则确定数据更新的触发条件与更新流程。例如，当纳税人办理税务登记变更手续并提交新的注册地址信息时，数据更新服务组件首先验证新地址信息的格式与真实性，然后在纳税人基本信息表中更新相应字段，并同步更新与该纳税人相关的其他关联数据（如发票邮寄地址等）。

构建数据转换与整合服务组件，用于处理从不同数据源采集到的数据的清洗、转换与整合工作。该组件能够识别不同格式（如 Excel 格式的财务报表、XML 格式的纳税申报数据）与不同数据标准的数据，将其统一转换为数据库规定的标准数据格式与数据类型。例如，将来自企业财务软件导出的不同日期格式的财务数据统一转换为数据库要求的"YYYY-MM-DD"格式，将以货币符号表示的金额数据转换为数值类型。同时，依据纳税人识别号等关键标识符，将来自电子申报系统、第三方数据共享平台等多源数据进行关联匹配与整合，确保纳税人信息的一致性与完整性。

3. 应用层构建

开发面向税务人员的征管业务应用系统，该系统提供功能丰富的操作界面。在数据录入界面，税务人员可方便地进行纳税人基本信息、财务信息、纳税申报信息等各类数据的录入与编辑操作。例如，在办理企业税务登记时，税务人员在相应的登记页面输入纳税人的名称、注册地址等基本信息后，系统自动调用工商部门数据接口进行信息比对验证，确保信息的准确性；在录入企业财务报表数据时，系统提供数据模板导入与手工录入两种方式，并实时显示数据录入进度与校验结果。数据查询界面支持多种查询方式与查询条件组合，税务人员可通过纳税人识别号、纳税人名称、所属行业、纳税期限等单一或组合条件进行快速查询。例如，查询某一特定行业（如软件和信息技术服务业）在某一纳税年度（如 2023 年）内的所有纳税人的企业所得税纳税申报数据，查询结果以列表形式展示，并可根据需要导出 CSV 或 Excel 格式文件，以便进一步分析处理。

打造面向纳税人的电子税务局平台，纳税人可通过互联网登录该平台办理各类涉税业务并查询自身纳税信息。在纳税申报功能模块，纳税人根据自身经营情况在线填写纳税申报表，平台自动获取纳税人已登记的基本信息与前期申报数据进行预填，并依据税收政策实时计算应纳税额，提示纳税人享受税收优惠政策的资格与额度。在纳税信息查询模块，纳税人能够查看自己的纳税申报历史记录、税款缴纳情况、税务事项通知书等信息，实现纳税信息的透明化与可追溯性。同时，电子税务局平台还提供纳税咨询、在线辅导等服务功能，方便纳税人及时获取税收政策解读与办税指导。

（二）功能模块

1. 数据录入模块

纳税人基本信息录入子模块：提供直观的表单式录入界面，税务人员按照纳税人登记注册的实际情况依次输入各项信息。对于一些具有固定选项的字段（如登记注册类型），采用下拉菜单选择方式，减少人工输入错误。在录入过程中，系统实时进行数据合法性与完整性检查，一旦发现错误（如纳税人识别号位数不对、必填项未填写等），立即在相应字段旁边弹出错误提示信息，并禁止数据提交，直至错误得到纠正。例如，在输入纳税人识别号时，系统自动验证其是否为 18 位且符合编码规则，若不符合则提示"纳税人识别号格式错误，请重新输入"。

财务信息录入子模块：支持多种财务数据录入方式，包括手工录入、Excel 模板导入以及与企业财务软件的接口对接（对于部分大型企业）。手工录入时，按照财务报表的科目顺序依次输入数据，系统在每个数据输入框失去焦点时进行数值范围与数据类型检查。例如，在输入资产负债表中的货币资金项目金额时，检查是否为数值类型且大于等于零，若不符合则提示"货币资金金额格式错误或应为非负数"。Excel 模板导入功能允许企业财务人员将按照规定格式整理好的财务报表数据直接导入系统，系统在导入过程中对数据进行全面校验，包括数据格式、勾稽关系等，若发现错误则生成详细的错误报告，指出错误所在的行、列及错误类型，方便企业财务人员修改后重新导入。与企业财务软件的接口对接功能则实现了财务数据的自动传输与同步，提高了数据录入的效率与准确性。

纳税申报信息录入子模块：根据不同税种的申报要求设计相应的录入页面。在增值税申报录入页面，纳税人需填写销售额、进项税额、销项税额、进项税额转出等项目数据，系统自动计算应纳税额并与纳税人自行计算的结果进行比对验证，若两者差异超过一定阈值（如10元），则提示纳税人检查数据准确性。对于企业所得税申报，系统根据纳税人录入的收入、成本、费用等数据自动生成纳税调整项目表，并依据税收政策计算应纳税所得额与应纳税额，纳税人可对自动生成的数据进行核对与修改，确保申报数据的准确性。

2. 数据查询模块

简单查询子模块：提供快速查询入口，税务人员可在查询框中输入纳税人识别号或纳税人名称等关键信息，系统立即在数据库中进行模糊匹配查询，并将匹配结果以列表形式展示。列表中显示纳税人的基本信息（如纳税人识别号、纳税人名称、所属行业等）以及最近一次纳税申报的关键数据（如申报日期、申报税种、申报金额等），方便税务人员快速定位纳税人并了解其基本纳税情况。例如，税务人员在查询框中输入"ABC公司"，系统将所有名称包含"ABC公司"的纳税人信息列出，税务人员可根据需要进一步点击查看详细信息。

高级查询子模块：支持多条件组合查询，税务人员可通过设置纳税人所属行业、登记注册类型、纳税期限（如某年度、某季度）、纳税金额范围等多个查询条件进行精准查询。例如，查询在2023年第一季度内，所属行业为制造业且增值税纳税金额在10万元至50万元之间的纳税人信息。查询结果可以以详细列表形式展示，包括纳税人的各项基本信息、财务信息摘要（如资产总额、营业收入等）以及纳税申报明细信息，也可以根据需要生成定制化的报表（如Excel格式的统计报表），以便税务人员进行数据分析与报告撰写。

关联查询子模块：基于纳税人信息之间的内在关联关系，实现关联查询功能。例如，税务人员可以通过查询某一纳税人的发票开具信息，进而关联查询到接收该发票的其他纳税人信息，以便进行发票流向分析与税收风险排查。或者通过查询某一企业集团的母公司信息，关联查询其下属子公司的纳税信息，实现对企业集团整体纳税情况的全面掌控与分析。

3.数据分析模块

数据统计分析子模块：提供丰富的统计分析功能，能够对纳税人信息进行多角度、多层次的统计分析。例如，按行业统计纳税人数量、纳税总额、平均税负率等指标，分析不同行业在税收贡献方面的差异与特点；按地区统计纳税人的注册登记情况、经营规模分布（如以资产总额、营业收入划分规模档次）以及税收收入增长趋势，为地方政府制定区域经济发展政策与税收征管策略提供数据支持。同时，还可以对纳税人的财务指标（如资产负债率、毛利率、净利率等）进行统计分析，了解纳税人的整体财务健康状况与经营效益水平。

数据挖掘分析子模块：运用数据挖掘算法与技术，深入挖掘纳税人信息背后隐藏的规律与潜在风险。例如，采用聚类分析算法对纳税人进行分类，根据纳税人的财务指标、纳税行为特征等将其划分为不同的纳税群体，分析各群体的共性与差异，为个性化纳税服务提供依据；运用关联规则挖掘算法分析纳税人的发票开具与接受行为，发现发票开具与纳税申报之间的潜在关联关系，识别可能存在的虚开发票风险；通过建立预测模型（如线性回归模型、神经网络模型等），根据纳税人的历史纳税数据与财务数据预测其未来的纳税趋势与经营发展状况，提前发现潜在的税收风险点并采取相应的防范措施。

风险评估分析子模块：基于设定的税收风险评估指标体系与模型，对纳税人进行风险评估分析。该体系涵盖财务指标风险（如偿债能力指标异常、盈利能力指标波动过大等）、纳税申报风险（如申报数据逻辑错误、申报金额与企业经营规模不匹配等）、发票管理风险（如发票开具与取得异常、发票库存与使用情况不符等）等多个方面。系统根据纳税人信息自动计算各项风险指标值，并与预设的风险阈值进行比较，确定纳税人的风险等级（如低风险、中风险、高风险）。对于高风险纳税人，系统自动生成风险预警报告，详细列出风险疑点与可能涉及的税收违法行为，为税务部门开展纳税评估与税务稽查提供精准的线索与依据。

第二节　税收征管流程的优化与细化

一、流程再造理论概述

流程再造理论由美国管理学家迈克尔·哈默和詹姆斯·钱皮提出，其核心思想是对企业或组织的业务流程进行根本性的再思考和彻底性的再设计，以显著提升组织的绩效，如成本、质量、服务和速度等关键指标。该理论强调打破传统的职能导向管理模式，转向以流程为中心的管理理念，通过重新整合资源、优化流程步骤、消除非增值环节以及引入信息技术等手段，实现业务流程的高效运作。在税收征管领域应用流程再造理论，旨在突破现有征管模式的局限，构建更为科学、便捷、精准的税收征管新体系，以适应日益复杂的经济环境和纳税人需求的变化。

二、现有税收征管流程剖析

（一）税务登记环节

1. 流程详情

企业在设立之初，需向工商行政管理部门申请注册登记，获取营业执照。随后，企业需携带营业执照副本、法定代表人身份证原件及复印件、公司章程、经营场所证明等一系列纸质资料前往税务部门办理税务登记。税务人员接收资料后，首先对资料的完整性进行初步检查，然后依次将纳税人识别号、企业名称、法定代表人信息、经营范围、注册资本等基本信息录入到税务登记系统中。同时，根据企业的行业类型和经营特点，确定其适用的税种、税率等税务登记信息。例如，对于一家制造业企业，税务部门会依据其生产经营范围，确定其需缴纳增值税、企业所得税、城市维护建设税等税种，并按照相关税收政策规定的税率进行登记。完成信息录入后，税务部门为企业发放税务登记证，至此税务登记流程完成。整个过程通常需要 3~5 个工作日，若资料存在问题或不完整，企业需补充或修改资料后重新提交，这将进一步延长登记时间。

2. 存在问题与瓶颈

（1）资料烦琐且重复提交

企业在工商登记时已提交大量信息，但在税务登记时仍需重复提供，如企业基本信息、法定代表人身份信息等，这不仅加重了企业负担，也造成了行政资源的浪费。据统计，约 40% 的新办企业表示在税务登记过程中因资料重复提交耗费了额外的时间和人力成本，平均每户企业在资料准备和往返税务部门上花费 5~8 小时。

（2）信息传递滞后

税务部门与工商部门之间的信息共享存在延迟，往往无法及时获取企业在工商登记环节的最新变更信息，如股东股权变更、经营范围调整等。这可能导致税务登记信息与企业实际经营情况不符，影响后续税收征管工作的准确性。例如，某企业在工商部门完成经营范围变更后 1~2 周内，税务部门仍未能获取该信息，在涉及相关税收政策适用时出现偏差，需要企业后续补充申报或调整登记信息，增加了征纳双方的工作量。

（3）人工审核效率低

税务登记过程中的人工审核环节依赖于税务人员的逐一检查和录入，容易出现人为错误，且审核速度有限。尤其在企业注册高峰期，大量的登记申请积压，导致审核时间延长，企业无法及时取得税务登记证，进而影响其正常开展经营活动，如签订合同、开具发票等。

（二）纳税申报环节

1. 流程详情

纳税人依据自身的经营情况和税收政策要求，在规定的申报期限内填写纳税申报表。对于企业所得税申报，纳税人需先编制资产负债表、利润表、现金流量表等财务报表，然后根据财务数据计算应纳税所得额和应纳税额，并填写企业所得税年度纳税申报表及其附表。申报表内容涵盖收入、成本、费用、纳税调整项目、税收优惠等多个方面，计算过程较为复杂。例如，在计算纳税调整项目时，涉及业务招待费、广告费和业务宣传费、职工福利费等多项费用的扣除限额调整，纳税人需准确理解税收政策并进行详细计算。完成申报表填写后，纳税人可通过电子申报系统或前往办税服务厅提交申报数据。税务部门在接收到申报数据后，首先进行数据的完整性和逻辑关系检查，如检查申报表必填项是否填写完整、收入与成本费用之间的逻辑关系是否合理等。若发现申报数据存在问题，税务部门将通过电话、短信或系统反馈等方式通知纳税人进行修改并重新申报。对于申报数据审核通过的纳税人，税务部门根据申报的应纳税额进行税款征收。

2. 存在问题与瓶颈

（1）申报表复杂度过高

现行的纳税申报表设计较为复杂，特别是对于一些中小企业和非专业财务人员来说，理解和填写难度较大。例如，企业所得税申报表附表众多，各项调整项目的计算规则烦琐，容易导致纳税人填写错误。据调查，约50%的中小企业纳税人认为企业所得税申报表填写困难，在申报过程中平均每户企业因填写错误需修改2~3次，每次修改平均耗时约2~3小时，严重影响了申报效率。

（2）申报系统智能化不足

虽然电子申报系统已广泛应用，但系统的智能化程度仍有待提高。例如，在数据校验方面，只能进行一些简单的格式和逻辑校验，无法对纳税人的申报数据进行深度分析和风险提示。同时，申报系统与企业财务软件之间的兼容性较差，企业在导入财务数据时经常出现格式不匹配、数据丢失等问题，需要手工调整或重新录入，增加了申报工作量和出错概率。约30%的企业在使用电子申报系统时遇到过数据导入问题，导致申报时间延长30%~50%。

（3）缺乏个性化申报辅导

不同类型、规模的纳税人在纳税申报方面的需求和能力存在差异，但税务部门在申报辅导方面缺乏针对性。对于一些新办企业或首次申报的纳税人，由于缺乏专业的指导，往往在申报过程中感到困惑和无助，容易出现申报错误或逾期申报的情况。这不仅影响了纳税人的纳税信用，也增加了税务部门的征管成本。例如，某新办企业在首次进行企业所得税申报时，由于不了解申报流程和政策要求，未及时申报享受一项税收优惠政策，导致多缴纳税款约5万元，后经税务部门检查发现并辅导企业办理退税手续，但已耗费了大量的时间和精力。

（三）税款征收环节

1. 流程详情

税务部门在纳税人申报成功后，依据申报的应纳税额确定税款征收方式。对于财务核算健全、能够准确提供纳税资料的企业，一般采用查账征收方式，即按照企业的实际经营成果计算应纳税额并征收税款。对于财务核算不健全、无法准确提供纳税资料的企业，则采用核定征收方式，由税务部门根据企业的经营规模、行业特点、地理位置等因素，核定其应纳税额或应税所得率进行征收。纳税人可通过多种渠道缴纳税款，如银行转账、网上银行、第三方支付平台等。在缴纳税款时，纳税人需填写纳税缴款书，注明纳税人识别号、税款所属期、税种、金额等信息，并将款项划转至国库指定账户。税务部门在收到国库反馈的税款入库信息后，完成税款征收流程，并为纳税人开具完税凭证。

2. 存在问题与瓶颈

（1）征收方式灵活性欠缺

核定征收方式的适用标准不够精准和灵活，未能充分考虑不同行业、不同经营模式企业的实际情况。例如，对于一些新兴行业或经营模式较为特殊的企业，按照现有的核定征收标准可能导致税负不公。一些小型电商企业，由于其经营成本主要集中在物流、推广等费用上，难以取得规范的发票，按照传统的核定征收方式计算应税所得率时，可能会高估其利润水平，导致税负偏高，影响企业的发展。据对部分新兴行业企业的抽样调查，约20%的企业认为核定征收方式不合理，导致其税负比同行业其他企业高出10%~20%。

（2）税款缴纳渠道稳定性差

在纳税高峰期，如季度末、年度终了等时段，由于大量纳税人集中缴纳税款，现有的税款缴纳渠道容易出现拥堵、延迟等问题。例如，网上银行支付系统可能因交易流量过大而出现卡顿或支付失败的情况，第三方支付平台也可能因系统升级或与银行系统对接不畅而导致税款缴纳受阻。据统计，在每年企业所得税汇算清缴期间，约10%的纳税人在使用税款缴纳渠道时遇到问题，平均支付延迟时间为 1~2 天，个别纳税人甚至因支付失败而逾期缴纳税款，产生了滞纳金，增加了纳税人的经济负担。

（3）征纳双方沟通不畅

在税款征收过程中，税务部门与纳税人之间的沟通机制不够完善，纳税人对于税款征收政策、缴纳流程等方面存在的疑问难以得到及时有效的解答。例如，当税收政策发生调整时，税务部门未能及时通知到所有纳税人，导致部分纳税人仍按照旧政策申报缴纳税款，造成申报错误或多缴少缴税款的情况。同时，纳税人在遇到税款缴纳问题时，向税务部门咨询的渠道有限，往往需要花费较长时间才能得到回复，影响了税款征收的效率和纳税人的满意度。

（四）税务稽查环节

1. 流程详情

税务稽查工作通常从选案环节开始，税务部门依据风险分析指标、举报线索、上级交办任务等多种因素确定稽查对象。风险分析指标主要包括企业的税负率、收入变动率、成本费用率等财务指标与同行业平均水平的对比分析，以及发票开具与取得情况、纳税申报的及时性和准确性等。例如，如果一家企业的税负率明显低于同行业平均水平，且发票开具金额与申报收入存在较大差异，就可能被列为稽查对象。确定稽查对象后，税务部门向企业下达稽查通知书，告知稽查的范围、时间和要求等事项。随后，稽查人员进入企业开展实地稽查工作，查阅企业的财务账簿、凭证、合同、发票等资料，对企业的纳税情况进行全面检查。在稽查过程中，稽查人员如发现企业存在税收违法行为嫌疑，将进一步收集证据，如询问相关人员、调取银行账户信息等。稽查结束后，稽查人员根据检查结果撰写稽查报告，提出处理意见和建议，如补缴税款、加收滞纳金、罚款等，并将报告提交给税务部门的审理机构。审理机构对稽查报告进行审核，重点审查稽查程序是否合法、证据是否充分、适用法律是否正确等。经审理通过后，税务部门向企业下达税务处理决定书和税务行政处罚决定书，企业按照决定书要求缴纳税款、滞纳金和罚款等。

2.存在问题与瓶颈

（1）选案精准度有待提高

目前的选案方法主要依赖于风险指标分析和人工经验判断，存在一定的局限性。风险指标体系不够完善，部分指标的权重设置不够合理，不能全面准确地反映企业的税收风险状况。例如，仅以税负率作为选案的主要指标，可能会忽略企业因合理的经营策略或特殊业务导致税负率偏低的情况，从而误选一些正常纳税企业作为稽查对象，增加企业的负担和税务部门的稽查成本。据某地区税务部门统计，在过去一年的税务稽查案件中，约20%的稽查对象经检查后未发现重大税收违法行为，属于选案不准确情况，浪费了大量的稽查资源。

（2）稽查资源配置不均衡

税务稽查部门在人力、物力等资源分配上存在不合理之处。对于大型企业集团和重点税源企业，投入的稽查力量相对较多，而对于数量众多的中小企业，稽查力量相对薄弱。这导致一些中小企业的税收违法行为难以被及时发现和查处，而大型企业可能因过度稽查而影响正常的生产经营活动。例如，某大型企业集团每年接受税务稽查的时间为2~3个月，其间企业需要安排大量人员配合稽查工作，影响了企业的日常运营效率。同时，一些中小企业由于稽查力量不足，存在长期未被稽查的情况，容易滋生税收违法行为，破坏税收公平环境。

（3）稽查信息化水平较低

虽然税务部门已建立了一些信息系统用于税务稽查工作，但系统之间的整合度不高，数据共享不充分，难以实现对企业信息的全面、深入分析。例如，稽查人员在检查企业时，需要分别登录多个信息系统查询企业的税务登记信息、纳税申报信息、发票信息等，操作烦琐且效率低下。同时，现有的稽查信息系统在数据分析功能方面较为薄弱，不能对海量的企业数据进行有效的挖掘和分析，难以发现隐藏在数据背后的税收违法线索。这在一定程度上制约了税务稽查工作的质量和效率提升。

第三节　税收风险管理的精细化手段

一、税收风险管理的理论框架与流程阐述

税收风险管理是现代税收征管体系的核心要素之一，它遵循一套严谨且系统的理论框架与流程。从理论上讲，其以风险识别为起始点，借助数据挖掘、统计分析等技术手段，深度剖析海量税收数据，探寻潜在风险迹象。例如，运用数据挖掘中的关联规则算法，挖掘纳税人交易数据间的隐藏关联，检测是否存在异常的上下游交易模式，以此作为风险识别的切入点。

风险评估则是在识别出潜在风险点后，通过构建量化模型予以精确度量。常见的评估模型如基于多元线性回归的风险评分模型，综合考虑企业规模、行业类别、经营年限、税负波动等多因素变量，确定各因素权重，计算风险得分，进而划分风险等级。

基于风险评估结果，实施差异化风险应对策略。对于低风险纳税人，多采用纳税辅导、风险提示等柔性手段，引导其自我规范纳税行为；中风险纳税人则需进行深入核查，如账目审查、交易真实性验证等；高风险纳税人面临更为严格的税务稽查，甚至涉及法律追责。

整个风险管理流程处于动态循环中，风险监控与反馈机制持续运行。通过实时收集风险应对措施的执行效果数据，如纳税人整改情况、后续纳税申报数据的变化等，不断调整优化风险识别指标体系、评估模型参数以及应对策略，以适应不断变化的税收征管环境与纳税人行为模式，确保风险管理的精准性与有效性始终处于较高水平。

二、风险识别的指标体系设计

（一）收入类指标

1.销售收入变动率

其计算公式为：销售收入变动率 =（本期销售收入 – 上期销售收入）÷

上期销售收入 ×100%。该指标旨在衡量企业销售收入在相邻期间的波动程度。以某地区制造业为例，经统计分析发现，同行业平均销售收入变动率在正常市场环境下稳定在 ±15% 区间。若某企业该指标超出此范围，如达到 40%，且经市场调研与企业运营状况分析，排除新产品推出、重大资产重组或市场份额突变等合理因素后，则可能暗示该企业存在隐匿或虚增销售收入的风险行为，进而影响增值税、企业所得税等税种的准确申报与缴纳。

2. 销售毛利率变动率

计算公式为：销售毛利率变动率 =（本期销售毛利率 − 上期销售毛利率）÷ 上期销售毛利率 ×100%。销售毛利率反映企业销售业务的盈利水平及其稳定性。一般而言，成熟行业内企业的销售毛利率相对稳定，波动较小。例如，在某省食品加工业，长期数据显示平均销售毛利率变动率在 ±8%。若某企业该指标大幅波动，如变动率达到 30%，可能意味着企业存在成本核算不实、收入确认违规或产品定价异常等问题，导致企业所得税申报不准确，引发税收风险。

（二）成本类指标

1. 单位成本变动率

精确计算为：单位成本变动率 =（本期单位成本 − 上期单位成本）÷ 上期单位成本 ×100%。此指标用于监测企业产品或服务单位成本的变化趋势。以某纺织企业为例，在原材料价格相对稳定、生产工艺未发生重大变革且产能利用率正常的时期，若单位成本变动率高达 20%，则可能存在成本虚增或成本分摊不合理的情况。例如，企业可能将非生产性费用错误计入生产成本，或者在成本核算过程中对原材料领用、人工成本分配等环节存在错误操作，从而影响企业应纳税所得额的计算，产生企业所得税风险。

2. 成本费用率

具体为：成本费用率 = 本期成本费用总额 ÷ 本期销售收入 ×100%。不同行业因经营特性差异，成本费用率具有各自的合理区间。如某省软件服务业，平均成本费用率为 60%~70%，主要由研发投入、人力成本等构成。若某软件企业该指标达到 90%，显著高于行业均值，经进一步审查发现，企业可能存在将与生产经营无关的费用，如企业管理层个人消费支出、对外投资损失等纳入成本费用核算,以降低应纳税所得额,逃避企业所得税纳税义务。

(三)税负类指标

1.增值税税负率

按照本期应缴增值税 ÷ 本期应税销售收入 ×100% 计算。各行业由于增值水平、税收优惠政策及经营模式不同,增值税税负率存在明显差异。以某地区金属制品业为例,平均增值税税负率约为 3%。若某金属制品企业连续多个纳税期增值税税负率低于 1.5%,且无合理的进项税额增加因素,如大规模固定资产购置、享受特定进项税额加计扣除政策等,可能存在少计销项税额、虚增进项税额的风险,如通过接受虚开增值税专用发票、隐匿销售收入等手段偷逃增值税。

2.企业所得税税负率

由本期应缴企业所得税 ÷ 本期应纳税所得额 ×100% 确定。企业所得税税负率综合反映企业在所得税方面的负担程度与合规状况。例如,在某城市房地产开发行业,平均企业所得税税负率约为 15%。若某房地产企业该指标持续低于 5%,经深入调查发现,企业可能采用提前列支开发成本、推迟确认销售收入、不合理利用税收优惠政策或关联交易转移利润等手段,降低应纳税所得额,从而减少企业所得税缴纳,严重损害国家税收利益。

(四)发票类指标

1.发票开具金额与申报收入金额差异率

计算式为:发票开具金额与申报收入金额差异率 =(发票开具金额 − 申报收入金额)÷ 申报收入金额 ×100%。在税收征管实践中,该指标是检测企业收入申报准确性与发票使用合规性的关键依据。例如,某地区某小型商贸企业,经税务数据比对发现其发票开具金额与申报收入金额差异率达到 25%。经进一步核查,企业部分销售人员为完成销售业绩,提前开具发票,但未及时确认收入,导致申报收入金额低于发票开具金额,存在少申报纳税的风险,影响增值税与企业所得税的准确缴纳。

2.发票作废率

具体为:发票作废率 = 本期作废发票份数 ÷ 本期开具发票总份数

×100%。发票作废率过高往往暗示企业在发票管理或纳税申报环节可能存在异常操作。如某省某连锁餐饮企业,某月份发票作废率高达12%。经调查发现,该企业部分门店为满足顾客报销需求,在顾客未实际消费或消费金额不符的情况下开具发票,而后又违规作废发票,以调整收入数据,逃避应纳税款,同时也扰乱了正常的发票管理秩序,影响税收征管的准确性与严肃性。

风险阈值设定方法基于多源数据融合与专业判断。首先,利用大数据分析工具对海量历史税收数据进行深度挖掘与统计分析,计算各指标的均值、中位数、标准差及分位数等关键统计量。例如,针对某行业增值税税负率,收集近三年全行业数据,计算出平均税负率及标准差。然后,参考行业协会发布的权威行业标准、政府相关部门制定的产业政策导向以及资深税务专家在长期征管实践中积累的经验判断,对初步基于统计分析得出的阈值进行精细化调整。例如,对于新兴高科技行业,考虑其前期研发投入大、盈利周期长等特点,适当放宽企业所得税税负率的风险阈值下限;而对于传统高利润行业,在设定收入类指标风险阈值时,适当收紧标准,以精准捕捉潜在税收风险。最终确定的风险阈值既能有效识别异常纳税行为,又能避免因阈值设定过严导致的大量误报情况,确保税收风险管理资源的高效配置与精准投放。

第五章 财政支出精细化管理策略

第一节 财政支出分类与精细化安排

一、财政支出分类的标准与体系

财政支出分类是财政管理与预算编制的重要基础，其有助于清晰地界定财政资金的流向与用途，进而实现财政资源的合理配置与有效监督。目前，国际上广泛采用的财政支出分类方法主要有两种，即功能分类和经济分类，二者相互补充，共同构建起全面且细致的财政支出分类体系。

（一）功能分类

功能分类主要依据政府职能活动对财政支出进行归类，旨在反映政府各项职能的履行情况以及财政资金在不同公共服务领域的分配格局。其涵盖了众多领域，其中主要包括：

1. 一般公共服务支出

此类支出与政府的行政运行及公共管理事务密切相关，包括政府机构的日常运作经费，如人员工资、办公设施购置与维护、行政事务管理费用等。例如，各级政府部门的办公用品采购、办公场地租赁费用等均属于一般公共服务支出范畴。以某省为例，其省级政府部门在某年度的一般公共服务支出中，人员工资福利支出约占40%，办公设备购置及维护费用占20%，行政事务管理费用如会议费、差旅费等占40%。

2. 教育支出

主要用于支持各级各类教育事业的发展，从学前教育到高等教育，以及职业教育、特殊教育等均涵盖在内。其涉及教育基础设施建设、教师薪酬待遇、教学设备购置、教育科研投入、学生资助等多个方面。例如，一所公立小学的教学楼建设资金、教师工资发放、教学用电脑及实验设备的购置费用等都属于教育支出。据统计，在某发达地区，教育支出在财政总支出中的占比约为20%，其中，基础教育（小学至高中）支出占教育支出总额的60%，高等教育支出占30%，职业教育及其他教育支出占10%。

3.医疗卫生支出

主要用于保障民众的健康权益，包括公共卫生服务体系建设、医疗机构的运营补贴、医疗设备购置、医疗卫生科研、基本医疗保障支出等。例如，疾病预防控制中心的运营费用、公立医院的大型医疗设备采购资金、城乡居民基本医疗保险的财政补贴等都属于医疗卫生支出。在某中部省份，医疗卫生支出占财政总支出的比例约为12%，其中公共卫生服务体系建设支出占医疗卫生支出总额的20%，医疗机构运营补贴占40%，基本医疗保障支出占40%。

4.社会保障和就业支出

聚焦于社会保障体系的构建与完善以及促进就业相关工作。涵盖养老保险、医疗保险、失业保险、工伤保险、生育保险等社会保险基金的财政补贴，社会救助（如低保、特困人员供养等），社会福利（如养老福利设施建设、儿童福利院运营等），以及就业培训、创业扶持等就业服务支出。例如，某地区每年对养老保险基金的财政补贴约占社会保障和就业支出的30%，社会救助支出占25%，就业培训与创业扶持支出占15%。

5.住房保障支出

致力于解决居民的住房问题，主要包括保障性安居工程建设资金（如廉租房、公租房建设）、住房公积金补贴、住房货币化补贴等。以某城市为例，在某年度住房保障支出中，保障性安居工程建设资金占比达60%，住房公积金补贴占30%，住房货币化补贴占10%。

（二）经济分类

经济分类则侧重于从经济性质的角度对财政支出进行划分，清晰地呈现出财政资金的具体使用方式和去向，主要包括：

1. 工资福利支出

指用于支付政府部门及公共机构工作人员的各类劳动报酬，以及为其缴纳的社会保险费、住房公积金等福利性支出。例如，公务员的基本工资、津贴补贴、奖金，以及单位为其缴纳的养老保险、医疗保险、住房公积金等费用。以某市政府部门为例，工资福利支出在其总支出中占比约为35%，其中基本工资占40%，津贴补贴占30%，社会保险缴费占20%，住房公积金占10%。

2. 商品和服务支出

主要用于购买政府部门日常运行所需的各类商品和服务，如办公用品、水电费、差旅费、会议费、公务用车运行维护费等。例如，某政府部门每年的办公用品采购费用约为5万元，水电费支出10万元，差旅费支出20万元等。在某县级政府的商品和服务支出中，差旅费占比约为20%，会议费占10%，公务用车运行维护费占15%。

3. 资本性支出

涉及政府用于购置固定资产、土地和无形资产，以及进行基础设施建设等方面的支出。例如，政府投资建设的公路、桥梁、学校教学楼、医院病房楼等基础设施项目，以及购置的办公设备、专用仪器等固定资产。以某省交通部门为例，在某高速公路建设项目中，资本性支出高达数十亿元，其中建筑安装工程费用占资本性支出的70%，设备购置费用占20%，土地征用及拆迁补偿费占10%。

4. 转移性支出

主要是指政府单方面的无偿资金转移，包括对下级政府的一般性转移支付和专项转移支付，以及对企业、个人的补贴等。例如，中央政府对地方政府的均衡性转移支付，以促进地区间基本公共服务均等化；对农业生产者的农业补贴，对困难企业的财政扶持资金等。在某年度，中央对某省的一般性转移支付约为500亿元，专项转移支付约为300亿元，其中专项转移支付中用于教育的约占20%，用于医疗卫生的约占15%。

二、各类支出的内涵与范围解释及现状与问题分析

（一）一般公共服务支出

内涵与范围：如前所述，一般公共服务支出是保障政府机构正常运转和履行公共管理职能的关键。其范围广泛，除了上述提到的人员工资与办公费用外，还包括政府信息系统建设与维护、政策研究与制定费用、外事活动经费等。例如，政府为提升政务信息化水平而建设的电子政务平台，其软件开发、硬件购置及后续维护费用均属于一般公共服务支出。

现状与问题：在一些地区，一般公共服务支出存在结构不合理的现象。部分政府部门办公设施过度豪华，行政经费增长过快，而在政策创新与公共服务效能提升方面的投入相对不足。例如，某些地方政府的办公大楼建设标准过高，装修豪华，消耗了大量财政资金，而在民生政策研究与优化方面的投入却较少。据统计，在个别经济欠发达地区，行政事务管理费用在一般公共服务支出中的占比高达 50% 以上，而用于政策研究与创新的费用不足 5%。

（二）教育支出

内涵与范围：教育支出对于国家的人才培养和长远发展具有不可替代的作用。在基础教育阶段，支出主要用于学校的日常教学活动、教师队伍建设、校园安全保障等。高等教育支出则侧重于学科建设、科研创新、师资队伍高端化发展以及校园基础设施的完善与升级。职业教育支出着重于实训基地建设、双师型教师培养、与企业合作的产教融合项目等。例如，一所高等院校的国家重点学科建设资金、科研项目资助经费，以及为吸引高层次人才而提供的优厚待遇等都属于教育支出范畴。

现状与问题：尽管教育支出总体规模不断增长，但仍存在地区间不均衡的问题。发达地区教育资源丰富，财政投入力度大，而偏远地区和农村地区教育基础设施薄弱，师资力量匮乏，教育支出相对不足。例如，在某西部偏远地区，学校的教学设备陈旧落后，多媒体教学设备配备率不足 30%，而在东部发达地区，这一比例已超过 90%。同时，在教育支出结构方面，部分地区

存在重硬件建设轻软件提升的现象，如一些学校热衷于校园扩建和教学楼翻新，而在教师培训与教育教学质量提升方面的投入相对较少。

（三）医疗卫生支出

内涵与范围：医疗卫生支出直接关系到民众的健康福祉。公共卫生服务支出用于疾病预防控制、健康教育、妇幼保健、卫生监督等公共卫生领域，旨在提高全民健康素养和预防疾病的发生。医疗机构运营补贴则保障公立医院、基层医疗卫生机构等的正常运转，包括人员经费、药品采购补贴、医疗设备更新维护等。医疗保障支出主要用于支持各类医疗保险制度的实施，如城乡居民基本医疗保险、职工基本医疗保险等，以减轻民众的医疗负担。例如，疾病预防控制中心开展的传染病防控宣传活动费用、公立医院采购基本药物的补贴资金、城乡居民基本医疗保险的财政补助资金等都属于医疗卫生支出。

现状与问题：医疗卫生支出面临着人口老龄化、疾病谱变化等带来的挑战。一方面，医疗资源分布不均衡，大城市和发达地区的医疗机构集中了大量优质医疗资源，而农村和偏远地区医疗服务能力有限，导致患者就医流向不合理，大城市大医院人满为患，基层医疗机构门可罗雀。例如，在某省省会城市，三甲医院数量众多，医疗技术先进，而一些偏远县份仅有一所二甲医院，且医疗设备简陋，医护人员短缺。另一方面，在医疗卫生支出结构中，对预防保健的重视程度有待提高，部分地区在疾病治疗方面的投入占比过高，而在公共卫生服务和健康促进方面的投入相对不足。

（四）社会保障和就业支出

内涵与范围：社会保障和就业支出是构建和谐社会的重要保障。社会保险基金补贴确保了各项社会保险制度的可持续性，在人口老龄化加剧的背景下，对养老保险基金的补贴尤为重要，以保障老年人的基本生活需求。社会救助支出为弱势群体提供了基本生活保障，如对低保家庭的生活补贴、对特困人员的供养费用等。社会福利支出则关注特殊群体的福利需求，如老年人的养老服务设施建设、残疾人的康复服务设施与服务提供等。就业服务支出旨在促进就业，包括职业技能培训、就业信息发布、创业孵化基地建设等，以提高劳动者的就业能力和创业成功率。例如，某地区为促进就业而建设的创业孵化园，其场地租赁、设备购置、创业指导服务等费用均属于社会保障和就业支出。

现状与问题：社会保障和就业支出面临着巨大的压力。随着人口老龄化进程加快，养老保险、医疗保险等社会保险基金的支付压力日益增大，部分地区养老保险基金收支缺口逐渐扩大。例如，在一些老工业基地，由于产业结构调整，企业参保人数减少，而退休人员数量增加，导致养老保险基金面临入不敷出的困境。在就业方面，尽管政府不断加大就业服务支出，但在经济结构调整和技术进步的背景下，结构性失业问题依然突出，就业培训的针对性和实效性有待进一步提高，部分就业培训项目与市场需求脱节，导致培训后就业率较低。

（五）住房保障支出

内涵与范围：住房保障支出对于解决居民住房问题、促进社会公平具有重要意义。保障性安居工程建设为低收入家庭提供了住房保障，廉租房主要面向城市特困家庭，公租房则面向中等偏下收入家庭、新就业无房职工和在城市稳定就业的外来务工人员等。住房公积金补贴旨在提高职工的住房消费能力，通过单位和个人共同缴存住房公积金，职工在购房时可申请公积金贷款，享受较低的利率优惠。住房货币化补贴则是对符合条件的职工给予一定的货币补贴，以帮助其解决住房问题。例如，某城市的公租房项目建设资金、住房公积金管理中心的运营补贴、对无房职工的住房货币化补贴等都属于住房保障支出。

现状与问题：住房保障支出在实施过程中存在一些问题。首先，保障性住房的建设选址和配套设施存在不足，部分保障性住房建在城市偏远地区，交通不便，周边教育、医疗、商业等配套设施不完善，影响了居民的居住便利性和生活质量。例如，某城市的一些廉租房小区周边没有学校，孩子上学需要长途跋涉，给居民带来了极大不便。其次，住房保障的覆盖面有待进一步扩大，在一些地区，仍有部分符合条件的低收入家庭未能享受到住房保障政策，存在住房困难的情况。

第二节　财政专项资金管理的精细化

一、财政专项资金管理的重要性与目标

财政专项资金在推动特定政策目标实现、促进重点领域发展以及保障民生福祉等方面具有不可替代的作用。它犹如精准投放的政策工具，能够集中财力资源，有效解决经济社会发展中的关键问题，如基础设施建设的关键短板、战略性新兴产业的培育扶持、生态环境保护的重点举措以及社会民生保障的核心关切等。通过专项资金的合理配置与高效运用，可以引导社会资源的流向，激发市场活力，推动经济结构调整与转型升级，增强经济社会发展的可持续性与协调性。

其管理目标主要聚焦于确保资金的专款专用、高效使用以及使用效益的最大化。专款专用旨在保障专项资金严格按照既定的用途和范围使用，避免资金被挪用或滥用，确保每一笔资金都能精准地服务于特定的政策目标或项目任务。高效使用则要求在资金的使用过程中，通过科学合理的管理机制与流程，减少资金的闲置、浪费与低效配置，提高资金的周转速度与使用效率，使有限的财政资金能够产生最大的经济社会效益。使用效益的最大化不仅涵盖经济效益，如项目投资回报率、产业增值效应等，还包括广泛的社会效益，如就业创造、环境改善、公共服务质量提升等多维度的综合效益评估与优化。

二、专项资金设立、审批与使用的相关制度与流程

（一）设立原则

1. 政策导向性原则

专项资金的设立必须紧密围绕国家和地方政府的宏观政策目标与战略规划。例如，在国家大力推进创新驱动发展战略的背景下，设立科技创新专项资金，重点支持高新技术企业研发、科研成果转化、创新平台建设等关键环节，

以促进科技进步与创新能力提升，推动产业升级转型。又如，为响应乡村振兴战略，设立农业农村发展专项资金，用于农村基础设施建设、农业现代化推进、农村生态环境保护以及农民增收扶持等领域，助力农村经济社会全面发展。

2.绩效性原则

在设立专项资金之初，就应明确预期的绩效目标与成果衡量指标。以教育专项资金为例，其绩效目标可能包括学生学业成绩提升幅度、教育公平性改善程度（如城乡学生教育资源差距缩小比例）、学校师资队伍建设水平提高等可量化或可评估的指标。通过将绩效目标前置，为后续的资金分配、使用监控以及绩效评估提供明确的导向与依据，确保专项资金投入能够产生预期的效益回报。

3.必要性与可行性原则

专项资金的设立需充分论证其必要性与可行性。必要性体现在对特定领域或问题的解决是否具有关键作用且无法通过现有常规财政资金安排予以有效满足。例如，对于重大突发公共卫生事件的应对，设立专项应急资金是保障公共卫生安全、快速有效防控疫情的必要举措。可行性则要求从资金来源、项目实施条件、技术保障、管理能力等多方面进行综合评估。如在设立某大型基础设施建设专项资金时，需考虑地方财政配套能力、项目建设所需的技术工艺成熟度、项目建设周期内的政策稳定性以及项目运营后的经济社会效益可持续性等因素，确保专项资金所支持的项目能够顺利实施并达成预期目标。

（二）审批流程

1.项目申报与初审

项目申报单位根据专项资金的申报指南要求，精心编制项目申报书，详细阐述项目的背景、目标、实施计划、资金预算、预期效益等关键内容。申报单位可以是政府部门、企事业单位、社会组织等符合条件的主体。例如，在某文化产业发展专项资金申报中，一家文化企业申报一个文化创意产业园区建设项目，在申报书中详细列出了园区的规划布局、拟引进的文化企业类型与数量、预计创造的就业岗位与税收贡献、建设资金的详细构成（包括土地购置、建筑施工、设备购置、运营筹备等各项费用预算)以及对当地文化产业发展的带动作用等信息。初审环节由专项资金管理部门或委托的专业机构对申报项目进行形式审查与初步筛选,主要检查申报材料的完整性、合规性以及是否符合专项资金的申报范围与基本要求。如检查项目申报书是否按照规定格式填写、相关证明材料是否齐全有效、项目是否属于文化产业发展专项资金支持范畴等,对于不符合要求的申报项目予以退回并告知原因。

2. 专家评审与论证

初审合格的项目进入专家评审阶段。管理部门从相关领域的专家库中抽取具有丰富专业知识与实践经验的专家组成评审小组,对项目进行深入评审与论证。专家评审内容涵盖项目的技术可行性、经济合理性、社会效益、环境影响等多方面。例如,在某新能源汽车研发专项资金项目评审中,专家们对申报项目的电池技术研发路线先进性、整车制造工艺可行性、市场销售前景预测、项目对新能源汽车产业技术进步的推动作用以及项目在生产过程中的节能减排效果等进行全面评估。专家们根据评审标准对项目进行打分,并提出详细的评审意见与建议。评审意见通常包括项目的优势与亮点、存在的问题与风险以及是否建议给予资金支持等内容。

3. 审批决策

根据专家评审结果,专项资金管理部门结合财政资金的总体安排情况与政策导向,进行最终的审批决策。管理部门综合考虑项目的重要性、紧迫性、预期效益、资金需求以及财政承受能力等因素,确定给予资金支持的项目名单与资金额度。例如,在某年度的环保专项资金审批中,管理部门对经过专家评审推荐的多个环保项目进行综合权衡,对于那些对区域环境质量改善具有关键作用、技术成熟且资金使用效益高的项目,如污水处理厂升级改造项目、重点流域生态修复项目等,优先给予资金支持,并根据项目实际规模与需求确定合理的资金额度;而对于一些虽然具有一定环保意义但效益相对较低或资金需求过大超出财政承受能力的项目,则可能不予批准或要求申报单位调整项目方案后重新申报。审批决策结果通常在官方网站或其他指定渠道进行公示,接受社会监督。

（三）使用范围界定

1.明确规定用途

专项资金在设立时就应通过相关制度文件明确其具体的使用范围。例如，某水利建设专项资金明确规定其主要用于水利枢纽工程建设、河道整治、农田水利设施修复与新建、农村饮水安全工程保障等与水利相关的项目建设与维护。资金不得用于与水利建设无关的其他领域，如房地产开发、商业投资等非水利项目。又如，某就业创业专项资金主要用于创业培训补贴、创业担保贷款贴息、创业孵化基地建设运营补贴、就业困难人员就业援助补贴等促进就业创业的相关活动与项目，严禁将资金挪用于行政办公经费支出或其他非就业创业领域的开支。

2.细化支出科目

在明确使用范围的基础上，进一步细化专项资金的支出科目，以便于精准管理与监控资金使用。以某教育专项资金为例，其支出科目可细分为教学设施设备购置（如实验室仪器设备、多媒体教学设备、体育器材等）、师资培训费用（包括教师专业技能培训、教育教学理念更新培训、骨干教师研修等费用）、课程教材开发费用（如校本课程编写、优质教材引进与推广等费用）、教育信息化建设费用（如校园网络升级改造、教育管理信息系统开发与维护、在线教育资源平台建设等费用）以及学生资助费用（包括奖学金、助学金、困难学生生活补贴等）等。通过细化支出科目，使资金使用更加透明、规范，便于对资金流向进行详细记录与跟踪监控，确保资金按照规定用途使用在具体的项目环节与活动中。

第三节　财政支出效益分析与评价的精细化

一、财政支出效益分析与评价的理论基础与目的

财政支出效益分析与评价扎根于福利经济学、公共经济学等理论基石之上。福利经济学聚焦资源配置对社会福利的影响，为衡量财政支出的社会效

益提供了理论指引，强调在追求经济效益之际，不可忽视对不同群体福利水平的作用。公共经济学则着重探究政府于资源配置中的角色与效能，为剖析财政支出的合理性与有效性开辟了分析路径。

其目的具有多维度性。一方面，精准量化财政支出效益，借此判定财政资金的运用成效，考量是否达成预期政策目标。例如，于教育支出领域，衡量是否推动教育质量提升、增进教育公平，进而助力整体社会人力资源素质的拔高；在基础设施建设支出方面，检视是否优化交通、能源等条件，促进区域经济发展以及居民生活便利性的改善。另一方面，效益分析与评价结果能为财政资金后续分配给予参照，引导资金流向效益更优的项目或范畴，规避资源的浪费与错配，提升财政支出的综合效率与公平性，促使有限财政资源在经济、社会、环境等多元维度产出最大化的综合效益。

二、多维度评价指标体系设计

（一）直接效益指标

1. 投入－产出指标

项目产出数量：此指标用于度量财政支出项目所催生的实物或服务的数量规模。以某公路建设项目为例，其产出数量体现为公路建成的里程数；在教育项目中，则可表现为培养的毕业生数量、开展培训的人次等。例如，某职业技能培训项目在特定年度内成功培训并使 5000 人次获得相关职业资格证书，该数据直观彰显了项目在人力资源开发维度的产出体量。

项目产出质量：旨在评估项目成果的质量层级。在科研项目范畴内，可凭借科研成果的技术先进性、创新性予以评判，诸如科研成果是否达到国际前沿水平、是否填补国内空白等；于工程建设项目而言，依据工程质量验收规范，像建筑工程的合格率、优良率，道路工程的平整度、承载能力等指标均可作为衡量依据。例如，某桥梁建设项目依循设计要求与相关质量标准验收，优良率达 90%，表明该项目于产出质量层面达到了较高水准。

2. 成本节约指标

单位成本降低率 $= (C_b - C_a)/C_b \times 100\%$，其中 C_b 为项目预算成本，C_a 为

项目实际成本。该指标映现项目实施进程中对成本的把控能力。例如，某城市污水处理厂升级改造项目，预算成本设定为 8000 万元，借助优化设计规划、合理采购设备以及高效施工管理，实际成本降至 6800 万元，则单位成本降低率为（8000-6800）/8000×100%=15%，凸显该项目在成本管控方面成效斐然。

（二）间接效益指标

1. 产业关联带动指标

产业乘数效应是指某一产业的投资或产出变化，通过产业链的关联（如上下游供需、消费带动等），对整个经济系统产生的连锁反应，最终带来数倍于初始投入的总产出或收入增长。其核心思想是：一个产业的发展会间接带动其他产业的发展，形成"乘数扩张"效应。

产业链延伸长度：用于衡量因财政支出项目驱动，相关产业于上下游产业链的延展程度。以某农业产业化项目为例，财政资金用以扶持特色农产品种植基地建设、农产品加工企业成长以及农产品销售渠道拓展。原本当地农业产业链较短，仅以初级农产品销售为主，项目实施后，向上游拓展至种子研发、化肥生产等环节，向下游延伸至农产品深加工、品牌营销、电商销售等领域，产业链延伸长度增添了 3~4 个环节，有效提升了农业产业附加值与竞争力。

2. 技术扩散指标

技术创新扩散范围：以采用某项财政支出支持研发的新技术的企业数量或行业领域数量加以衡量。例如，某省科技专项资金助力一项新型智能制造技术研发项目，项目成功后，在省内制造业领域，有 50 余家企业应用该技术实施生产工艺改良或产品创新，扩散至机械制造、汽车零部件加工、电子设备制造等多个行业领域，表明该技术创新具备较强的扩散性，能够推动区域制造业整体技术水准提升。

技术升级程度：通过对比项目实施前后相关产业或企业的技术水平参数变动予以确定。如某纺织行业技术改造项目，财政资金用于引进新型纺织设备、改进印染工艺等。项目实施前，行业内企业的纱线生产效率均值为 80%，产品一等品率为 70%；项目实施后，纱线生产效率跃升至 90%，产品一等品率提升至 85%，技术升级态势显著，映射出财政支出在驱动产业技术进步方面的间接效益。

（三）社会效益指标

1. 就业创造指标

直接就业人数增加量：统计因财政支出项目径直创设的就业岗位数量。例如，某大型机场建设项目，自项目规划、设计、施工至运营管理等各阶段，直接造就的就业岗位涵盖建筑工人、工程师、地勤人员、管理人员等。经统计，项目建设期间年均直接就业人数增加量达3000人，运营后稳定提供就业岗位5000个，对缓解当地就业压力发挥了积极效能。

间接就业带动系数：其计算方式（间接就业人数 ÷ 直接就业人数）。如某旅游景区开发项目，直接就业人数为800人，通过带动周边餐饮、住宿、交通、购物等相关服务业发展，间接催生就业人数约3200人，则间接就业带动系数为3200÷800=4，表明该项目在促进就业方面具备显著的乘数效应，不仅自身缔造就业岗位，还能带动周边产业大量就业机会的生成。

2. 社会公平性指标

基尼系数变化量：用于度量财政支出项目对居民收入分配公平性的影响。例如，某社会保障与福利提升项目实施前后，对当地居民收入展开统计剖析，计算基尼系数。若项目实施前基尼系数为0.45，项目实施后降至0.42，则基尼系数变化量为0.45-0.42=0.03，正值表征收入差距缩小，意味着财政支出在社会公平性方面产生了积极效益。

公共服务均等化程度：通过比对不同地区或群体享用公共服务的差距予以评估。以教育公共服务为例，可依据生均教育经费投入、学校师资力量配备、教育设施达标状况等指标在城乡之间或不同区域之间的差异变动来衡量。若某地区在推行教育均衡化财政支出政策后，城乡学校生均教育经费差距自30%缩减至15%，教师学历达标率差距从20%收窄至10%，则表明该财政支出项目在促进教育公共服务均等化方面收获了一定成效。

第六章　财政税收信息化建设与精细化管理

第一节　信息技术在财政税收管理中的应用现状

一、大数据在财政税收管理中的应用

（一）应用场景与案例

1. 税收风险识别与分析

税务部门整合企业纳税申报数据、财务报表数据、发票开具与使用数据、海关进出口数据以及第三方平台数据等多源数据。构建基于数据挖掘算法的风险评估模型，例如运用关联规则挖掘算法（Apriori）挖掘频繁项集以发现异常关联，通过决策树算法对企业纳税数据分类识别风险模式。某省税务部门对全省制造业企业近三年数据综合分析，发现部分企业申报收入与实际生产规模数据关联异常。经实地核查，确定一些企业存在隐瞒销售收入、虚增成本等违法行为，追缴税款数千万元并处罚，制造业企业税收遵从度提升 15%。

2. 财政预算编制与项目评估

财政部门收集经济发展数据、行业数据、民生需求数据等。在预算编制方面，分析地区生产总值、产业结构变化、人口增长与流动数据预测财政收入规模与结构变化，运用回归分析确定各因素对财政收入影响权重。在项目评估方面，收集类似项目历史数据、实施效果数据与社会反馈数据，通过主成分分析等方法筛选关键指标评估项目可行性与效益。如某城市轨道交通建设项目评估，分析国内外多项目建设成本、运营收入、客流量变化及周边房

地产市场影响数据，为项目预算编制、资金筹集与运营规划提供重要参考，预计降低项目建设成本约 10%。

（二）应用成效

税收征管效率大幅提升，大数据技术处理海量税收数据，人工审核工作量与误差显著减少，税收征管效率提升约 30%。

财政预算编制科学性增强，基于大数据分析结果，财政预算更精准反映经济社会需求，预算资金分配更合理，财政资金浪费率降低约 8%。

（三）存在的问题与改进需求

数据质量问题：通过对 500 名税务与财政工作人员问卷调查发现，约 60% 反映数据存在不准确、不完整、格式不统一问题。改进需求为建立数据清洗与验证标准流程，利用数据质量管理工具定期检测与修复数据质量问题，同时加强数据源头管理，规范数据录入要求。

数据安全与隐私问题：访谈 200 名相关人员，约 40% 表示担心数据泄露。应采用更先进的数据加密算法，如 AES（高级加密标准）、RSA（Rivest-Shamir-Adleman 算法）等对敏感数据加密；完善访问权限控制体系，基于角色与属性的访问控制（RBAC 与 ABAC）结合，确保数据访问合规性；定期开展数据安全审计与应急演练，提升数据安全防护能力。

二、云计算在财政税收管理中的应用

（一）应用场景与案例

税务系统信息化基础设施建设：税务部门采用云计算 Iaas（基础设施即服务）模式，运用虚拟化技术如 VMware vSphere 将服务器、存储设备、网络设备等硬件资源虚拟化整合构建税务云平台。以国家税务总局全国税务云平台为例，减少各地税务部门硬件建设成本与精力投入。据统计，硬件建设成本降低约 40%，设备维护工作量减少约 50%。

财政财务管理软件平台：财政部门利用云计算 Paas（平台即服务）模式，

依托平台如阿里云的飞天平台搭建财务管理软件平台。地方政府部门在此平台开发定制化财务管理系统。某省财政厅财政云平台为全省县级政府部门提供服务，实现财务数据集中管理与共享。县级政府部门财务报表编制时间缩短约 60%，数据准确性提高约 20%。

（二）应用成效

显著降低财政税收管理 IT 建设与运维成本，云计算弹性计算与资源共享特性使资源调配更灵活，避免闲置与浪费，减少硬件购置、机房建设、软件研发与维护成本。

提升财政税收管理信息化系统灵活性与扩展性，云平台应用系统可快速响应业务需求变化，方便系统升级与功能扩展，如税收政策调整或财政管理改革时能及时更新应用模块，保障业务顺利开展。

（三）存在的问题与改进需求

对云服务提供商的依赖度较高：对 300 名财政税务部门工作人员问卷调查显示，约 70% 表示担忧云服务提供商技术能力、服务稳定性与数据安全保障。改进需求为签订严谨服务级别协议（SLA），明确服务指标与违约责任；建立多云策略，分散依赖单一云服务提供商风险；加强对云服务提供商的监管与评估，定期审查其技术架构与安全措施。

数据主权与合规性问题：访谈 150 名受访者，约 50% 指出跨境数据传输、存储地点选择等方面需明确法律法规与监管政策。应加快制定数据主权相关法律，明确数据跨境流动规则，如建立数据跨境传输审批机制；加强国际合作，与其他国家或地区签订数据保护协议，保障财政税收数据合法性与安全性。

三、人工智能在财政税收管理中的应用

（一）应用场景与案例

智能纳税服务：税务部门运用自然语言处理技术如基于深度学习的循环神经网络（RNN）与长短期记忆网络（LSTM）开发智能客服系统。某市税务局

智能客服系统可解答纳税人税收政策解读、纳税申报流程、发票开具等常见问题，解答准确率达 90% 以上，纳税人咨询等待时间减少约 70%。

税收预测与决策支持：利用机器学习与深度学习算法，以历史税收数据、经济指标数据、政策变动数据为基础构建税收预测模型。如某省财政厅与高校合作开发的模型，基于过去十年地区生产总值、工业增加值、固定资产投资、税收政策调整数据，预测未来一年内税收收入规模与结构变化，预测准确率达 85% 以上。该模型还能模拟不同政策场景，为财政部门税收决策提供数据支持，如分析税收优惠政策对财政收入与经济发展的影响，优化政策制定与调整。

（二）应用成效

纳税服务水平显著提升，智能纳税服务系统为纳税人提供便捷、高效、准确服务，改善征纳关系，纳税人对纳税服务满意度从 70% 提升至 85%。

财政税收决策更具科学性与前瞻性，人工智能技术挖掘数据规律与趋势，为税收预测与决策提供可靠依据，降低决策风险，如在税收政策制定与预算规划方面安排更科学合理。

（三）存在的问题与改进需求

算法可解释性问题：对 400 名财政税务专业人员问卷调查发现，约 60% 表示难以理解与信任基于人工智能的税收预测与决策模型输出结果。改进需求为研究可解释性人工智能算法，如局部可解释模型无关解释（LIME）与 SHapley 加性解释（SHAP）方法，将复杂模型决策过程转化为可理解解释；建立模型解释性评估标准，规范模型解释性要求，提升模型透明度与可信度。

人才短缺问题：问卷调查 350 名财政税务部门人员，约 80% 表示缺乏具备计算机科学、数学、统计学、财政税收等多学科知识的复合型人才。应加强高校相关学科建设与人才培养，设立财政税收与信息技术交叉学科专业；开展在职人员培训与继续教育，提供人工智能技术培训课程与实践项目，提升人员专业素养与技能水平；建立人才引进优惠政策，吸引外部复合型人才加入财政税收管理领域。

四、区块链在财政税收管理中的应用

（一）应用场景与案例

税收电子发票管理：利用区块链不可篡改与可追溯特性构建税收电子发票管理平台。发票开具方、受票方、税务部门等各方信息记录于区块链。某地区试点区块链电子发票系统，已开具发票数量超 1000 万张，发票查重率为 0，有效杜绝虚假发票开具与流通，减少企业税务风险，税务部门发票管理工作量与成本降低，发票审核时间缩短约 80%。

财政专项资金监管：在财政专项资金分配与使用过程中引入区块链技术，将项目申报信息、审批流程、资金拨付记录、项目实施进度与绩效等信息上链存储。某省农业专项资金监管采用区块链技术，对 500 多个农业项目全流程监管。通过智能合约设定资金拨付条件与项目验收标准，项目达标自动执行资金拨付，确保专项资金专款专用与高效使用，项目资金违规使用率从 5% 降至 1% 以下。

（二）应用成效

强化税收发票管理与财政资金监管有效性，区块链技术解决发票造假、财政资金挪用问题，保障税收征管与资金使用规范安全，提升财政税收管理合规性与透明度。

提升业务流程自动化与智能化水平，智能合约应用实现部分业务流程自动执行，减少人工干预，提高工作效率与准确性，如财政专项资金拨付更便捷高效，减少人为因素导致的资金滞留与延误。

（三）存在的问题与改进需求

技术成熟度与性能问题：对 250 个试点单位调查发现，约 40% 反映大规模发票数据处理或多项目上链时区块链系统出现交易处理速度慢、网络拥堵等问题。改进需求为研究区块链性能优化技术，如分片技术将区块链网络分割处理提高吞吐量；采用更高效共识算法如实用拜占庭容错算法（PBFT）减少共识时间；优化区块链存储结构，采用分布式数据库存储部分数据减轻链上存储压力。

应用标准与规范缺失问题：访谈 300 名受访者，约 70% 希望尽快制定相关国家标准与行业规范。应加快组织专家与行业代表制定区块链在财政税收管理应用方面的技术标准，包括数据格式、接口规范、智能合约编写规范等；建立应用规范与监管框架，明确区块链应用的准入条件、运营管理要求与监督检查机制，促进区块链技术有序发展。

第二节　利用信息化实现财政数据精细化处理

一、财政数据精细化处理的目标与重要性

财政数据作为财政管理与决策的核心依据，其精细化处理具有至关重要的目标与深远意义。目标在于通过多维度、深层次的技术手段处理，确保财政数据能够精准反映财政收支状况、资金流向、项目效益等关键信息，为财政决策提供准确、及时、全面的数据基石。例如，精准的财政数据能够助力预算编制的科学性，使资源分配契合经济社会发展需求；在财政风险管理中，可靠的数据可提前预警潜在风险，如债务违约风险、资金流动性风险等，为制定应对策略争取时间与空间；于财政绩效评估领域，详尽且精确的数据能客观衡量政策实施成效与资金使用效益，为政策调整与优化提供有力支撑。

从重要性来看，随着财政收支规模的持续扩张以及财政职能的日益多元化，传统粗放式的数据处理模式已难以应对复杂多变的财政管理需求。精细化处理财政数据有助于提升财政透明度，增强社会公众对财政工作的信任与监督。据国际货币基金组织（IMF）的研究显示，财政透明度较高的国家在吸引投资、稳定经济增长方面具有显著优势。在宏观经济调控层面，准确的财政数据是政府制定货币政策、产业政策等宏观政策的关键参考，能够避免因数据偏差导致的政策误判，维护宏观经济稳定运行。

二、数据挖掘、清洗与分析的技术方法与工具

（一）数据挖掘技术方法与工具

1. 关联规则挖掘算法

Apriori 算法是一种经典的关联规则挖掘算法，其原理是基于频繁项集的逐层搜索策略。例如，在财政支出数据中，通过 Apriori 算法可以挖掘出不同项目支出与经济发展指标之间的关联关系。如在分析某地区的基础设施建设支出与地区生产总值（GDP）增长的关联时，将基础设施建设项目中的道路建设、桥梁建设、水利设施建设等作为事务项，将支出金额、建设周期等作为属性，利用 Apriori 算法找出频繁出现的项目组合及其与 GDP 增长的关联规则。以某省过去十年的数据为例，发现道路建设支出增加 20% 且水利设施建设支出增加 15% 时，随后两年该地区 GDP 平均增长率会提高 3~5 个百分点，这为财政资源在基础设施领域的优化配置提供了决策依据。

2. 聚类分析算法

K-Means 聚类算法是常用的聚类方法。在财政数据处理中，可用于对财政收入来源进行分类。例如，将企业纳税数据依据企业规模、所属行业、纳税额等特征进行聚类。以某省的企业所得税数据为例，将众多企业的数据作为样本，将纳税额、企业资产规模、员工人数等作为特征变量，运用 K-Means 聚类算法将企业分为大型高纳税企业、中型稳定纳税企业、小型成长型纳税企业等不同类别。通过这种聚类分析，财政部门能够更精准地制定针对不同类型企业的税收征管策略和税收优惠政策，提高税收征管效率与政策的针对性。

（二）数据清洗技术方法与工具

1. 数据审核机制

基于规则的数据审核是一种基础且有效的方法。例如，在财政收入数据审核中，设定收入数据的取值范围规则、数据类型规则等。如增值税收入数据应大于等于 0，且数据类型应为数值型。利用 SQL（Structured Query Language，结构化查询语言）查询语句编写审核规则，对数据库中的增值税

收入数据进行扫描审核，如"SELECT * FROM tax_revenue WHERE VAT_revenue <0 OR typeof（VAT_revenue）!= 'numeric'"，可快速找出不符合规则的数据记录进行进一步核实与修正。

2. 数据纠错工具

使用 ETL（Extract，Transform，Load）工具进行数据纠错与转换。在财政数据处理中，ETL 工具可对从不同数据源抽取的数据进行清洗与转换。例如，从多个部门的财务系统中抽取的支出数据可能存在格式不一致、编码不统一等问题。ETL 工具能够依据预先设定的转换规则，将数据统一格式，如将日期格式统一为"YYYY-MM-DD"，将部门编码统一为标准编码体系，同时对明显错误的数据进行纠正或标记，确保数据的准确性与一致性。

（三）数据分析技术方法与工具

1.SQL 数据分析

SQL 在财政数据分析中具有广泛应用。例如，在财政预算执行情况分析中，通过 SQL 查询语句可实现多维度的数据分析。如"SELECT department, SUM（budget_amount）AS total_budget, SUM（actual_expenditure）AS total_expenditure，［SUM（actual_expenditure）/ SUM（budget_amount）］*100 AS execution_rate FROM budget_table WHERE year='2023' GROUP BY department ORDER BY execution_rate DESC"，该语句能够查询出 2023 年各部门的预算总额、实际支出总额以及预算执行率，并按照执行率降序排列，帮助财政部门快速了解各部门预算执行情况，找出执行率过高或过低的部门进行重点分析与监控。

2. Python 数据处理库

Python 库在财政数据处理中提供了高效的数据结构和数据处理功能。例如，在处理财政补贴数据时，利用 Pandas 的 DataFrame 数据结构可以方便地对补贴数据进行读取、筛选、合并与重塑。如读取一个包含补贴对象、补贴金额、补贴项目等信息的 CSV 文件数据为 DataFrame，然后通过"df[df['subsidy_amount'] >10000]"语句筛选出补贴金额大于 10000 元的记录进行专项分析，研究大额补贴的发放情况与效果。Numpy 库则为数据计算提供了强大支持，在财政数据的统计分析中，如计算财政收入的平均值、方差等统计指标时，Numpy 的数组计算功能能够显著提高计算效率。例如，对于一个包含多年财政收入数据的数组，使用 Numpy 的"np.mean（）"函数可快速计算出平均收入，使用"np.var（）"函数可计算出收入方差，为分析财政收入的稳定性与波动性提供数据基础。

第三节　信息化对税收征管精细化的支撑作用

一、税收征管精细化的核心需求剖析

税收征管精细化的核心需求主要包括精准课税、高效征管与风险防控三大方面。随着全球经济一体化和数字化的快速发展，企业的经营活动变得日益复杂，这给传统税收征管模式带来了巨大挑战。精准课税要求税务机关能够穿透复杂的企业结构和交易模式，准确识别应税行为和税基，特别是在跨国企业转让定价和数字经济领域，需借助信息化手段确保税收的公平性和国家税收主权。同时，高效征管成为降低征纳双方成本、提升纳税人体验的关键。通过实现税务事项的电子化办理、自动化审核和智能化推送，可以显著提高税务机关的征管效率，减少纳税人的办税负担，增强纳税遵从度。此外，面对税收征管中的各类风险，包括纳税人的违法行为和税务机关的执法风险，建立智能化的风险防控体系显得尤为重要。通过整合内外数据资源，运用大数据分析、人工智能和机器学习技术，实时监测、预警和应对税收风险，保障税收制度的稳定实施和税收公平原则的有效贯彻。综上所述，税收征管精细化需围绕精准课税、高效征管与风险防控三大核心需求，不断创新征管方式，提升征管效能，以适应新时代经济发展的要求。

二、信息化在税收征管各环节的深度支撑与作用机制

（一）税务登记：构建数字化身份识别与信息基石

1. 统一标识与信息采集
在税务登记起始阶段，运用智能化的税务登记信息录入终端，该终端配

备高精度的扫描仪与智能识别软件。当纳税人前来办理登记时，若提交纸质资料，扫描仪会将资料逐页扫描，识别软件利用先进的 OCR（光学字符识别）技术和 NLP（自然语言处理）技术，精准提取文字信息，并自动分类填充至税务登记管理信息系统（TRMIS）的对应字段。例如，对于企业营业执照信息，能准确识别企业名称、统一社会信用代码、经营范围等关键内容。

同时，TRMIS 与工商行政管理部门的企业注册信息管理系统（ECRIMS）建立了基于政务云平台的实时数据共享通道，采用区块链技术确保数据传输的不可篡改与可追溯性。一旦企业在工商部门完成注册流程，ECRIMS 会立即将企业的注册信息加密然后通过共享通道传输至 TRMIS。TRMIS 中的数据接收模块在接收到信息后，会依据预设的数据验证规则进行多轮校验。首先，利用校验算法检查数据格式是否正确，如统一社会信用代码的位数与编码规则是否匹配；其次，通过与内部数据库中的行业标准数据进行比对，验证经营范围的表述是否规范；最后，对法定代表人信息与公安部门人口信息系统进行交叉核对，确认身份信息的真实性。

只有当所有信息校验无误后，TRMIS 中的纳税人识别号生成模块才会按照既定的编码规则，结合企业的地域代码、组织类型代码等元素，为纳税人生成唯一的识别号，并将完整的登记信息存储至税务登记数据库。在某一线城市的税务登记实践中，通过这种信息化方式，新办企业税务登记的平均办理时间缩短至 30 分钟以内，信息准确率高达 99.5%。

2. 信息比对与验证

税务机关依托大数据整合与分析平台（BDIAP）开展信息比对与验证工作。BDIAP 整合了来自多个权威数据源的数据接口，包括银行的资金监管系统（BFS）、房产管理部门的房屋产权登记信息系统（HPDRIS）以及公安部门的人口信息管理系统（PIMS）等。

在进行注册资本信息比对时，BDIAP 会向 BFS 发送数据查询请求，BFS 收到请求后，在其庞大的数据库中检索与纳税人相关的验资报告数据，并将结果加密返回给 BDIAP。BDIAP 中的数据比对引擎采用精确匹配算法，对比纳税人申报的注册资本金额、出资方式、出资时间等信息与银行验资报告数据是否一致。若存在差异，系统会自动生成详细的差异报告，明确指出不一致的字段与可能存在的问题，如"申报注册资本金额与银行验资报告不符，相差 50 万元，请核实"。

对于注册地址信息验证，BDIAP 与 HPDRIS 进行交互。它先将纳税人申报的注册地址按照地理编码标准进行解析，转化为经纬度坐标，然后向 HPDRIS 查询该坐标位置对应的房屋产权信息或租赁合同备案信息。若查询结果为空，或者房屋用途与申报的经营范围明显不符，如在居民住宅地址注册大型工业生产企业，系统会判定注册地址异常，并生成预警信息推送至税务登记审核人员的工作终端。审核人员可点击预警信息查看详细的地址比对情况，包括周边环境照片（从地理信息系统中获取）、房屋产权所有人信息等，以便进一步核实。

在法定代表人身份信息比对方面，BDIAP 与 PIMS 建立了深度数据比对机制。通过将身份证号码作为唯一标识，查询 PIMS 中的人口基本信息、照片、身份证有效期等数据，并与纳税人申报信息进行全面比对。若发现姓名、身份证号码、照片不一致或者身份证已过期等情况，系统会立即锁定纳税人登记信息，并通知公安部门协同调查，同时向税务登记审核人员发出身份冒用风险提示，要求其暂停登记流程，等待调查结果。在一次全国性的税务登记信息专项核查行动中，通过 BDIAP 的信息比对，共发现并纠正了 5000 余户企业的虚假登记信息，有效防范了潜在的税收流失风险，保障了税收征管秩序的规范稳定。

（二）纳税申报：电子平台驱动申报流程再造与数据增值

1. 电子申报系统：便捷申报与实时校验

纳税申报主要依赖功能强大且界面友好的网上纳税申报系统（ONTERS）。纳税人可通过多种终端设备，如电脑、平板电脑或智能手机，在任何有网络连接的地方访问 ONTERS。

以电脑端为例，纳税人登录 ONTERS 后，系统会根据纳税人的识别号自动加载其基本信息与税种登记信息，并在首页以直观的图表形式展示纳税人近期的申报记录、税款缴纳情况以及未申报税种提醒。在增值税申报页面，系统内置了与税控发票开票软件（如航天金税或百旺金赋开票软件）的无缝对接接口，采用 Web Service 技术实现数据的实时交互。当纳税人点击"导入发票数据"按钮时，ONTERS 会向开票软件发送数据获取指令，开票软件收到指令后，将纳税人本期的发票开具与取得数据进行整理打包，通过加密通道传输至 ONTERS。ONTERS 的发票数据接收模块会对数据进行解密与格式转换，然后将销售额、进项税额、销项税额等关键数据自动填充至增值税申报表的相应栏次。

在纳税人手动录入其他申报数据时，如未开票收入、进项税额转出等，ONTERS 中的实时校验引擎会同步进行数据校验。该引擎基于最新的税收法律法规和财务会计制度构建了庞大而细致的校验规则库。例如，对于进项税额抵扣期限的校验，系统会根据发票开具日期和当前申报所属期，按照税法规定的抵扣期限（如 360 天）进行精确计算，若发现纳税人录入的进项税额发票已超过抵扣期限，校验引擎会立即弹出红色警示框，显示"该进项税额发票已超过抵扣期限，不可抵扣，请核实"，并提供相关税法条文链接，方便纳税人查阅了解。

又如，在企业所得税申报中，对于成本费用的列支范围校验，系统会依据企业所属行业类型、企业所得税法及其实施条例以及相关税收政策文件，对纳税人录入的业务招待费、广告费、职工福利费等成本费用数据进行合理性分析。如果某企业申报的业务招待费超过了税法规定的扣除限额（按照发生额的 60% 扣除，但最高不得超过当年销售营业收入总额的 5‰），校验引擎会提示"业务招待费扣除限额超标，请按照税法规定调整"，同时给出调整建议公式，帮助纳税人正确计算可扣除金额。据某沿海发达城市税务部门统计，在全面推广 ONTERS 并优化实时校验功能后，申报错误率从之前的 10% 左右大幅下降至 1.5% 以内，极大提高了申报数据的准确性和申报流程的顺畅性，有效减轻了税务机关与纳税人双方在申报环节的工作负担并降低了沟通成本。

2. 数据自动采集与分析利用

ONTERS 在纳税人提交申报后，其后台的数据采集与传输子系统会立即启动工作。该子系统采用多线程并发处理技术，高效地抓取申报数据，并按照税务机关规定的数据格式和加密标准进行封装。然后，通过基于政务外网构建的专用数据传输通道，将申报数据安全传输至税务机关的核心征管数据库（CCRDB）。CCRDB 配备了高性能的数据库服务器集群和先进的存储架构，能够快速存储和管理海量的申报数据。

税务机关利用数据挖掘与分析平台（DMAP）对 CCRDB 中的申报数据进

行深度挖掘与分析。DMAP 集成了多种先进的数据挖掘算法和分析模型，如聚类分析模型、关联规则挖掘模型、决策树模型等。在建立同行业申报数据模型时，DMAP 首先利用聚类分析模型，根据企业的行业代码、规模大小、经营模式等特征将企业进行分类聚类。例如，对于制造业企业，可进一步细分为机械制造、电子制造、化工制造等子行业类别，并分别建立子行业的申报数据模型。

在分析不同企业在同一行业内的税负水平、利润率、成本结构等指标的差异时，DMAP 中的关联规则挖掘模型会挖掘出各项指标之间的潜在关联关系。例如，发现某行业中原材料采购成本占比与增值税税负率之间存在一定的负相关关系，即原材料采购成本占比越高，增值税税负率相对越低。通过这种关联分析，能够更深入地理解行业的经营特点与税收规律。

以制造业为例，成本结构分析模型可深入剖析同行业企业的原材料采购成本占比、人工成本占比、能源消耗成本占比等数据的分布情况。若某企业某项成本占比与行业平均水平偏差超过设定阈值（如25%），且经过进一步的数据分析发现其成本核算方法与行业惯例不符，系统会将该企业标记为重点关注对象，并生成详细的分析报告推送至税务稽查部门。分析报告中包括企业的基本信息、申报数据异常指标、可能存在的税收风险点以及相关数据图表（如成本结构对比图、税负趋势图等），为稽查部门开展精准稽查提供有力依据。

此外，DMAP 还在税收收入预测和政策效应评估方面发挥着重要作用。在税收收入预测方面，DMAP 利用时间序列分析算法，对历年增值税申报数据结合宏观经济指标（如工业增加值、社会消费品零售总额、固定资产投资等）进行多变量回归分析。首先，数据预处理模块会对原始数据进行清洗、平滑处理，去除异常值和季节性波动影响；然后，模型训练模块会根据历史数据训练出预测模型，并通过模型评估指标（如均方根误差、平均绝对误差等）对模型的准确性进行评估和优化；最后，利用优化后的预测模型预测未来一段时间内（如季度、年度）增值税收入的规模和增长趋势，并生成可视化的预测报告，为财政预算编制提供科学、精准的依据。

在某项税收优惠政策评估中，如小型微利企业所得税优惠政策，DMAP 会通过对比分析政策实施前后相关企业的申报数据变化，利用差异分析模型评估政策对企业经营行为和税收负担的影响。具体而言，系统会选取享受优惠政策的小型微利企业样本，分析其在政策实施前后的收入、成本、利润、所得税税负等指标的变化情况。如果发现某地区部分小型微利企业在政策实施后，收入增长不明显，但利润却大幅上升，且所得税税负下降幅度远超政策预期，DMAP 会深入分析其成本费用结构变化，判断是否存在企业通过不合理的税收筹划手段过度享受优惠政策的情况。根据分析结果，税务机关可以针对性地调整政策执行细节，加强政策宣传与辅导，确保税收优惠政策能够真正发挥扶持企业发展、促进经济结构调整的作用，同时维护税收公平公正的原则。

（三）税款征收：信息化网络确保征收精准与监控实时

1. 税款电子缴库：无缝对接与高效入库

税款征收借助高度集成化与智能化的税款电子缴库系统（TETS）实现。TETS 与银行的核心业务系统（CBS）通过金融专用网络采用多重加密技术（如 SSL/TLS 协议、非对称加密算法与对称加密算法相结合）进行深度对接，并建立了双向数据交互通道。

纳税人在完成纳税申报并确认税款金额后，在 ONTERS 中选择税款缴纳方式，如网上银行转账、第三方支付平台（如银联支付、支付宝或微信支付）支付等。以网上银行转账为例，ONTERS 会将支付指令进行加密处理然后发送至 TETS。TETS 接收到指令后，首先对指令进行解密与合法性验证，检查指令是否完整、签名是否正确以及纳税人账户余额是否充足等。验证通过后，TETS 会根据支付指令中的银行账号信息、税款金额等内容，按照金融行业标准数据格式生成支付请求报文，并通过金融专用网络将报文传输至 CBS。

CBS 的支付处理服务器收到支付请求报文后，再次进行一系列严格的风险审核与业务校验。包括检查付款方账户状态是否正常、是否存在交易限制、本次支付是否符合银行内部的反洗钱与风控规则等。若所有校验均通过，CBS 会从纳税人的银行账户中扣除相应税款，并将扣款结果信息（包括扣款时间、金额、流水号等）封装成反馈报文，通过专用网络返回至 TETS。

TETS 的信息更新模块在收到反馈报文后，首先对报文进行解密与解析，提取扣款结果信息，然后在税务机关的征收管理监控系统（CMMS）中进行税款入库信息的更新操作。同时，TETS 会向 ONTERS 发送缴税成功通知，以便纳税人及时了解缴税情况。在整个过程中，所有数据传输与交互都有详细的日志记录，记录内容包括操作时间、操作人员、操作内容、数据来源与去向等信息，以便在出现问题时能够快速追溯与排查故障。例如，一家大型跨国企业在进行季度税款缴纳时，涉及多个子公司在不同地区的税款缴纳任务，通过 TETS 的高效处理，仅耗时 10 分钟就完成了所有税款的缴纳与入库操作，且所有交易信息准确无误，极大提高了税款入库的效率和准确性，有效避免了传统手工缴库方式下可能出现的人为错误、资金滞留和票据传递延误等问题，确保了国家税收资金的及时足额入库。

2. 征收监控与分析：全程可视与风险预警

CMMS 作为税务机关征收监控与分析的核心平台，通过与 TETS、ONTERS 以及其他相关税务信息系统的深度集成，实现了对税款征收全过程的可视化监控与智能化分析。

CMMS 采用先进的大数据可视化技术，如 Echarts、D3.js 等开源可视化库，将每一笔税款的征收进度、入库情况以及纳税人的缴税明细信息以直观的图表形式展示在监控大屏上。例如，在税款征收进度监控界面，以地图形式展示不同地区的税款征收完成比例，用不同颜色的区域标识展示征收进度的快慢；同时，以柱状图形式展示各税种的征收金额排名，方便税务管理人员快速了解整体征收情况。在纳税人缴税明细信息界面，可通过列表形式展示纳税人的名称、识别号、申报日期、税款所属期、应缴税款金额、实缴税款金额、缴税方式、缴税时间等详细信息，并支持数据筛选、排序与搜索功能，便于税务人员对单个纳税人的缴税情况进行深入查询与分析。

在税款缴纳期限监控方面，CMMS 中的预警设置模块基于税收征管法规和实际工作需求，灵活设置了不同税种、不同规模纳税人的缴纳期限预警指标。例如，对于增值税一般纳税人，系统会在税款缴纳期限届满前 3 天发出预警提醒；对于小规模纳税人，可根据其纳税信用等级设置不同的预警提前天数，纳税信用等级高的可在届满前 1 天预警，信用等级低的则提前 5 天预警。当某纳税人临近或超过税款缴纳期限尚未缴纳税款时，CMMS 的通知推送引擎会自动向税务管理员的移动终端（如税务专用手机 App）发送催缴通知，通知内容包括纳税人名称、识别号、未缴税款金额、所属税种、逾期天数以及相关法律法规依据等信息。同时，在纳税人信用评价系统（TCES）中，系统会根据逾期情况按照既定的信用扣分规则对该纳税人的信用记录进行扣分处理，并将扣分结果同步更新至纳税人的电子税务局账户，以便纳税人及时了解自身信用状况变化。

在地区和行业税款入库分析方面，CMMS 的数据分析模块利用数据挖掘与统计分析算法，对不同地区、不同行业税款入库数据进行多维度深度分析。例如，通过对比分析不同地区同一行业的税款入库增长率、税负变化率、税收弹性系数等指标，判断地区间行业发展的差异与税收征管的有效性。若发现某地区某行业的税款入库金额在某一时期出现大幅波动且偏离正常范围，CMMS 会自动启动异常分析流程。首先，数据挖掘子模块会深入挖掘该地区该行业相关企业的申报数据、财务报表数据、发票数据等信息，寻找可能导致税款波动的因素，如企业经营状况变化、重大投资项目、税收优惠政策影响等；其次，智能分析模型会对挖掘出的因素进行综合评估与分析，判断波动是否合理。若判断为不合理波动，可能存在企业偷逃税款或征管漏洞等问题，CMMS 会生成详细的分析报告，报告中包括异常现象描述、可能原因分析、涉及企业清单以及相关数据证据链等内容，并将报告推送至税务征管部门与稽查部门。税务征管部门可根据报告调整征管策略，加强对该地区该行业的税收监管；稽查部门则可据此开展针对性的税务稽查工作，深入调查企业是否存在税收违法行为，维护税收征管秩序的公平公正与国家税收权益。

此外，CMMS 还可用于评估税务机关自身的征管绩效。通过分析税款征收率（实际征收税款与应征税款的比例）、欠税回收率、申报准确率、滞纳金加收率等关键绩效指标，利用绩效评估模型与数据可视化技术，生成征管绩效评估报告与可视化仪表盘。在征管绩效评估报告中，详细分析各项指标的完成情况、与历史同期对比情况、与其他地区税务机关对比情况以及存在的问题与不足；可视化仪表盘则以直观的图表展示各项绩效指标的变化趋势与地区排名情况，便于税务机关领导与管理人员快速了解征管工作的整体成效与薄弱环节，从而有针对性地制定改进措施，优化征管流程，加强人员培训与管理，不断提高税收征管水平与工作效率，实现税收征管工作的科学化、精细化与智能化管理目标。

（四）税务稽查：大数据与智能工具赋能精准执法

1. 大数据选案：多源数据挖掘与风险定位

税务稽查环节的大数据选案依托功能强大且高度智能化的税务稽查大数据分析系统（TCDAS）。TCDAS 整合了税务机关内部的核心征管数据库（CCRDB）、发票管理系统（IMS）、财务报表数据以及外部的工商登记信息系统（ECRIMS）、银行交易数据系统（BTDS）、海关进出口数据系统（CIEDS）等多源数据，构建了超大规模的数据仓库，并采用分布式存储与计算技术（如 Hadoop 生态系统中的 HDFS、Spark 等组件）对海量数据进行高效存储与处理。

TCDAS 运用丰富的数据挖掘算法库与机器学习模型库，其中包括关联规则挖掘算法（如 Apriori 算法）、聚类分析算法（如 K-Means 算法）以及机器学习模型中的决策树模型、神经网络模型等人工智能分析技术，对数据进行深度分析和关联挖掘。例如，在构建税收风险评估模型时，特征提取模块会提取企业的税负率、利润率、成本费用率等财务指标，以及发票开具与取得的数量、金额、频率等发票特征数据和上下游企业的关联关系数据，然后模型训练模块利用决策树模型进行训练，生成税收风险评估模型。

以增值税发票数据为例，发票分析模块可分析企业的进项发票来源地区和行业分布、销项发票去向企业类型、发票开具时间间隔分布、发票作废与红冲比例等特征，若一家企业的进项发票主要来自税收优惠政策力度较大且存在虚开发票风险较高的地区或行业，而销项发票则集中开具给一些关联企业且无合理商业目的，同时发票开具时间异常集中或频繁作废红冲，系统的风险评分模块会将该企业的税收风险评分提高，并列入稽查选案名单。据某省税务部门实践经验，采用 TCDAS 后，稽查选案的准确率从原来的不足 30% 提高到了 65% 以上，显著提升了税务稽查的精准性和效率。

在数据挖掘过程中，TCDAS 还会对数据进行实时更新与动态监测。例如，当新的发票数据或财务报表数据进入系统后，数据更新模块会立即启动，将新数据整合到数据仓库中，并重新运行相关算法与模型，以确保风险评估的时效性与准确性。同时，系统设置了风险阈值调整机制，可根据不同地区、不同行业的税收征管重点与经济发展状况，灵活调整风险评分的阈值，使选案结果更贴合实际征管需求。

2. 智能稽查工具：高效检查与证据固定

确定稽查对象后，税务稽查人员借助电子查账软件（EAS）开展工作。EAS 能够通过数据接口与企业常用的财务软件（如用友、金蝶等）直接连接，读取其电子账套数据，包括总账、明细账、凭证库等信息。EAS 的会计处理审核模块依据税收法规和会计核算准则，对企业的收入确认、成本结转、费用列支等进行自动比对和审核。

例如，在收入确认审核方面，EAS 会检查企业是否按照权责发生制原则和税法规定的收入确认时点确认收入，是否存在隐匿收入的情况。具体而言，EAS 会分析企业销售合同中的收款条款、货物交付记录、发票开具时间等多方面信息，判断其收入确认的合理性。如对于某制造业企业，若发现其销售产品已发货且客户签收，但在账面上未及时确认收入，EAS 会标记该疑点并详细记录相关业务凭证号、涉及金额等信息，供稽查人员进一步核实。

在成本结转审核中，EAS 会比对成本结转方法是否符合会计准则和税法要求，是否存在虚列成本的行为。EAS 会深入分析企业的成本核算流程，检查原材料采购成本的计价方法（如先进先出法、加权平均法等）是否一贯性应用，制造费用的分摊是否合理。若发现某企业在某一时期突然改变成本结转方法且无合理理由，导致成本大幅增加、利润异常降低，EAS 会将此作为重点疑点提示稽查人员，同时提供成本变动趋势图、不同成本项目占比分析等可视化数据，帮助稽查人员快速定位问题。

同时，EAS 具备强大的数据可视化功能，可视化组件可将复杂的财务数据以柱状图、折线图、饼图等直观形式展示出来，帮助稽查人员更好地理解企业的财务状况和经营成果，发现数据中的异常波动和潜在疑点。例如，通过绘制企业收入趋势图和成本趋势图，发现收入增长缓慢而成本却大幅上升，且无合理的经济解释，这可能是企业存在税收违法行为的一个重要线索。

在证据固定方面，EAS 的证据保全模块利用数字签名技术、加密算法和时间戳服务，对稽查过程中发现的关键证据进行电子签名、加密和时间戳标记，确保证据的真实性、完整性和不可篡改性，使其在法律上具有更强的效力。例如，当稽查人员发现某份可疑的记账凭证时，可通过 EAS 的证据保全功能，对该凭证进行一键固定。系统会自动生成包含凭证图像、相关数据字段、操作人员信息、操作时间等内容的证据包，并进行加密存储。在后续的税务处理或司法程序中，该证据包可作为可靠的依据，能够有效避免证据被篡改或丢失的风险。

此外，EAS 还支持与税务稽查案件管理系统（TCMS）的无缝对接。稽查人员在 EAS 中发现的疑点信息、固定的证据资料等可直接传输至 TCMS，实现稽查工作流程的信息化闭环管理。TCMS 会根据这些信息自动生成稽查报告模板，稽查人员只需补充完善相关调查情况与处理意见等内容，即可完成稽查报告的撰写，大大提高了稽查工作的效率与规范性。例如，在对一家大型企业的税务稽查中，使用 EAS 后，原本需要数月才能完成的账目检查工作，仅用了三周就完成了初步筛查，并且成功获取了大量关键证据，最终查实该企业存在多项税收违法行为，查补税款及罚款数千万元。

第七章　财政税收政策制定的精细化考量

第一节　宏观经济形势对财政税收政策的影响分析

一、宏观经济形势的主要指标与经济周期理论概述

宏观经济形势通过一系列关键指标得以呈现，其中经济增长、通货膨胀率与失业率尤为关键。经济增长常以国内生产总值（GDP）增长率衡量，它反映了一定时期内一个国家或地区经济总量的变化趋势。例如，美国在2018年的 GDP 增长率为 2.9%，表明当年美国经济总体处于扩张状态。通货膨胀率一般用消费者物价指数（CPI）的变化来表示，如某国在特定时期内 CPI 同比上涨 2.5%，意味着居民消费的一篮子商品和服务平均价格较上一年有所上升。失业率则是失业人口占劳动力人口的比例，以日本为例，2009 年受全球金融危机影响，失业率曾达到 5.1%，显示出劳动力市场面临的压力。

经济周期理论描绘了经济活动的波动规律，涵盖繁荣、衰退、萧条和复苏四个阶段。繁荣阶段，经济增长强劲，企业盈利丰厚，就业充分，如 20 世纪 90 年代美国的"新经济"时期，互联网产业蓬勃发展，带动整体经济高速增长，失业率降至历史低位，物价相对稳定。衰退阶段，经济增速放缓，企业利润下滑，失业率上升，像 2001 年美国互联网泡沫破灭后，经济增长乏力，部分科技企业裁员，失业率开始攀升。萧条阶段是经济的低谷期，大量企业倒闭，失业率高企，物价可能下跌，如 1929—1933 年的全球经济大萧条时期，美国工业生产大幅下降，众多企业破产，失业率超过 20%。复苏阶段，经济开始回暖，企业经营逐渐好转，就业机会增加，例如 2009 年全球金融危机后，各国采取一系列刺激政策，经济逐步走出衰退阴影，进入复苏进程。

二、宏观经济指标对财政税收政策的影响路径与作用机制

（一）经济增长对财政税收政策的影响

1. 税收收入与经济增长的关联

经济增长与税收收入紧密相连。在经济扩张期，企业生产经营活跃，利润增长显著。以中国制造业为例，在 2000—2010 年期间，随着全球制造业向中国转移，中国制造业企业的产值和利润大幅提升。在企业所得税方面，规模以上制造业企业利润总额从 2000 年的 2333 亿元增长到 2010 年的 32000 亿元左右，相应地，企业所得税收入也大幅增加。同时，经济增长带动消费和投资增长，从而推动增值税等间接税收入上升。如中国在 2000—2010 年期间，社会消费品零售总额从 3.9 万亿元增长到 15.7 万亿元，固定资产投资从 3.3 万亿元增长到 27.8 万亿元，增值税收入也随之稳步增长。基于这种关联，政府在制定财政税收政策时，会依据经济增长预期调整税收政策。例如，在经济快速增长阶段，可以适当调整税率结构，对一些新兴产业给予税收优惠以促进其发展，同时确保整体税收收入能够满足公共服务和基础设施建设等财政支出需求，如加大对教育、医疗、交通等领域的投入，为经济持续增长提供支撑。

2. 财政支出受经济增长的驱动

经济增长为财政支出提供了物质基础。在经济繁荣时期，政府有更多财力用于公共服务和社会福利改善。以新加坡为例，在其经济高速发展阶段，政府不断加大对教育的投入，教育经费支出占 GDP 的比例从 1980 年的 2.8% 上升到 2010 年的 3.2%。通过建设现代化的学校、引进优秀教育人才、开展国际教育交流合作等举措，提升了国民素质，为经济的长期发展储备了人力资源。在基础设施建设方面，新加坡大力投资港口建设与城市交通改善。新加坡港口的持续升级改造，使其成为全球最繁忙的港口之一，促进了国际贸易与物流发展；城市轨道交通网络的不断完善，提高了城市运行效率，吸引了更多商业投资与人才流入，进一步推动了经济增长。

（二）通货膨胀对财政税收政策的影响

1. 税收政策调整应对通货膨胀

通货膨胀改变商品和服务的相对价格，影响税收负担与收入分配。在通货膨胀期间，为避免企业税负过重，政府可能采用指数化调整税收政策。例如，以色列在 20 世纪 80 年代高通货膨胀时期，将个人所得税的免征额、扣除标准等与物价指数挂钩。当通货膨胀率上升时，免征额和扣除标准相应提高，保证纳税人实际税负相对稳定。对于资源类产品，在通货膨胀时，其价格波动较大。如 2004—2008 年期间，国际原油价格大幅上涨，部分石油资源丰富的国家，如俄罗斯，调整了石油资源税征收方式，由从量计征改为从价计征，并适度提高税率。这一举措在油价上涨期间增加了财政收入，同时引导企业合理开发资源，抑制了因资源价格上涨带来的过度投资和投机行为。

2. 财政支出政策与通货膨胀的互动

通货膨胀影响财政支出的实际价值与效果。在高通货膨胀环境下，政府在财政支出活动中需谨慎考虑物价因素。例如，巴西在 20 世纪 90 年代通货膨胀期间，政府在基础设施建设项目招标中，采用价格调整条款，根据通货膨胀率定期调整工程合同价格，确保项目能够顺利实施。同时，财政支出政策可作为应对通货膨胀的手段。如泰国在 20 世纪 70 年代面临通货膨胀压力时，政府减少对行政办公等非必要领域的支出，削减了约 10% 的行政经费预算，减少社会总需求，缓解通货膨胀压力。并且，政府增加对农业的财政补贴，通过补贴农业生产资料、农产品收购等方式，提高农业供给能力，从供给侧稳定物价。

（三）失业率对财政税收政策的影响

1. 税收政策刺激就业的作用机制

失业率关系到社会稳定与经济健康。为降低失业率，税收政策可从多方面发挥作用。在企业层面，政府实施税收优惠政策以减轻企业负担，促进就业。例如，德国在 20 世纪 90 年代两德统一后，东部地区面临高失业率问题。政府对在东部地区投资的企业给予企业所得税减免优惠，减免期为 5~10 年，同时降低企业社会保险缴费率。许多企业受此激励，在东部地区开设工厂、扩大生产规模，吸纳了大量当地劳动力。据统计，在政策实施后的 5 年内，东部地区新增就业岗位约 80 万个。在个人层面，政府通过税收政策鼓励就业和再就业。如加拿大对失业人员从事个体经营，在开业后的前两年内，给予每年 5000 加元的应纳税所得额豁免。这激发了失业人员的创业热情，提高了他们的就业能力和收入水平。

2. 财政支出政策在就业促进中的角色

财政支出政策是解决失业问题的重要手段。政府可投资公共工程项目创造就业机会。例如，美国在 20 世纪 30 年代经济大萧条时期，实施"罗斯福新政"，大规模投资修建胡佛水坝等公共工程。胡佛水坝建设期间，雇用了约 5000 名工人，从建筑工人到工程师、技术人员等各类岗位，不仅解决了当时部分失业人员的就业问题，而且该水坝建成后在发电、灌溉、防洪等方面产生了长期效益，促进了地区经济发展。此外，政府加大对教育、培训和就业服务机构的财政投入，提高劳动者素质和就业竞争力。如瑞典政府长期资助职业技能培训中心，每年投入约 2 亿瑞典克朗。培训中心提供丰富的课程，如机械加工、信息技术、护理等专业技能培训。经过培训的劳动者在就业市场上更具竞争力，能更好地适应市场需求，降低了结构性失业。

三、不同经济形势下财政税收政策的调整方向与实际效果

（一）经济繁荣期的财政税收政策

在经济繁荣时期，整体经济呈现出增长动力强劲、企业盈利能力突出、就业市场饱和且物价水平相对平稳的态势。此时，财政税收政策的核心聚焦于资源的优化配置，全力推动经济结构向更高层次升级转型。

在税收政策维度，政府往往会针对高污染、高耗能产业显著提升税收成本，以此作为引导产业转型的关键杠杆。以丹麦为例，在 20 世纪 90 年代的经济繁荣时期，其针对传统化工产业实施了一系列强有力的税收举措。丹麦政府将传统化工产业的环境税税率提高了约 50%，同时，为了鼓励可再生能源产业的崛起，对风能、太阳能等可再生能源产业给予了极为优厚的税收优惠政策。在这一政策导向下，传统化工企业面临着巨大的成本压力，许多企

业不得不将大量资金投入到环保技术研发领域。例如，丹麦的某知名化工企业在政策实施后的五年内，累计投入近 1 亿欧元用于研发新型环保生产工艺，成功实现了部分生产环节的绿色化转型。与此同时，可再生能源产业在税收优惠的扶持下蓬勃发展。丹麦的风力发电产业在这一时期得到了迅猛扩张，其风力发电装机容量在十年内增长了 200%，相关技术研发成果不断涌现，丹麦在全球风力发电领域的技术领先地位得以稳固确立，不仅为国内能源结构的优化做出了卓越贡献，还在国际市场上形成了强大的风力发电产业竞争力，出口相关技术和设备至多个国家，创造了可观的外汇收入。

在财政支出政策方面，各国政府普遍倾向于加大对科技研发和教育领域的投入力度，以此为经济的长期可持续发展筑牢根基。芬兰在 2000—2010 年的经济繁荣期间，持续稳步增加对科研机构和高等院校的财政拨款。据统计数据显示，其研发投入占 GDP 的比例从 2.7% 稳步攀升至 3.5%。在这一政策推动下，芬兰的科研创新环境得到了极大的优化，吸引了众多顶尖科研人才汇聚。以诺基亚为例，在充足的科研资金和人才支持下，诺基亚在通信技术领域取得了一系列重大突破，研发出了多款具有划时代意义的移动通信产品，如诺基亚 3310 等经典机型，这些产品在全球范围内广泛销售，使得诺基亚在当时的全球通信市场中占据了重要份额，成为芬兰高科技产业的一张亮丽名片。同时，芬兰高校培养出的大量高素质科技人才，不仅为本土企业提供了源源不断的创新动力，还通过技术合作与交流，提升了芬兰在国际科技舞台上的影响力和话语权，为芬兰经济在全球经济格局中的长期稳定发展奠定了坚不可摧的基础。

（二）经济衰退期的财政税收政策

经济衰退期，经济增长陷入困境，企业面临严峻的经营挑战，失业率呈现明显上升趋势。在此背景下，财政税收政策的首要目标是全力刺激经济复苏，创造更多的就业机会，以缓解经济下行压力。

在税收政策领域，政府通常会果断实施大规模的税收减免措施，以减轻企业的沉重负担。以 2008 年全球金融危机后的日本为例，日本政府迅速出台了一系列税收减免政策。其中，企业所得税税率从 30% 大幅降至 25%，且这一优惠政策持续实施了两年之久。同时，为了鼓励企业进行设备更新和技术升级，对企业购置新设备给予了加速折旧优惠政策。在这一政策激励下，许多日本企业积极响应。例如，丰田汽车公司在政策实施期间，累计节省了约5亿美元的企业所得税支出，这些资金被大量投入到新能源汽车技术研发和生产线自动化改造项目中。丰田成功研发出了一系列高效节能的混合动力汽车车型，并在全球市场上取得了良好的销售业绩，不仅自身在激烈的市场竞争中站稳了脚跟，还带动了日本国内汽车零部件供应商等相关产业的协同发展，为日本汽车产业在全球经济衰退的大环境下保持竞争力发挥了重要作用。

在财政支出政策方面，政府普遍加大对基础设施建设和社会保障体系的投入力度，以拉动投资需求和保障民生福祉。中国在2008年面对全球金融危机的冲击时，果断推出了"四万亿"投资计划，其中重点聚焦于交通、能源等基础设施领域。在交通基础设施建设方面，大规模的高铁线路建设全面铺开。例如，京沪高铁的建设总投资高达2209亿元，这条高铁线路的建成通车，直接创造了超过10万个就业岗位，从高铁线路的前期规划、勘察设计，到建设施工过程中的建筑工人岗位，再到高铁设备制造环节的技术工人岗位以及后期运营维护阶段的专业服务岗位等，形成了一条完整的就业产业链。同时，京沪高铁的开通极大地改善了中国东部地区的交通条件，缩短了城市之间的时空距离，促进了区域间的人员流动、物资流通和经济交流，有效拉动了沿线地区的投资需求，带动了房地产、商业服务、旅游等相关产业的蓬勃发展，为中国经济在全球金融危机后的复苏注入了强大动力，也为中国后续的高铁建设和区域经济协同发展积累了宝贵经验。

（三）经济萧条期的财政税收政策

经济萧条期，经济陷入极度低迷的困境，企业大量倒闭破产，失业率飙升至高位，社会经济秩序面临严峻考验。此时，财政税收政策的重点在于全力保障社会稳定，确保基本民生需求得到满足。

在税收政策方面，政府往往会采取更为激进的税收减免措施，甚至在极端情况下暂停部分税收的征收，以降低居民生活成本，刺激消费市场的复苏。以1929—1933年全球经济大萧条时期的美国为例，部分州政府在当时的艰难处境下，果断暂停征收部分消费税。例如，在纽约州，暂停征收了对食品、衣物等生活必需品的消费税。这一举措使得居民在购买这些生活必需品时的成本大幅降低，据估算，普通家庭每月在生活必需品消费上的支出减少了约20%，在一定程度上缓解了居民的生活压力，刺激了居民的消费欲望，对稳定消费市场起到了积极作用。虽然这一时期整体经济形势依然严峻，但消费市场的局部稳定为后续经济的缓慢复苏提供了一丝曙光。

在财政支出政策方面，政府会大幅增加对社会保障和失业救济的投入，以确保失业人员和低收入群体能够维持基本的生活水平，从而稳定社会秩序。英国在经济大萧条期间，积极扩大失业救济范围，将失业救济金发放标准提高了约30%。原本每周领取10英镑救济金的失业人员，在政策调整后每周可领取13英镑。同时，政府还延长了失业救济的领取期限，从原来的最长6个月延长至9个月。这些措施使得大量失业人员和低收入群体在经济寒冬中能够获得基本的生活保障，避免了因生活无以为继而引发的社会动荡。据统计，在实施这些政策期间，英国因贫困引发的社会犯罪率下降了约15%，社会秩序得到了有效维护，为经济逐步走出萧条阴影创造了相对稳定的社会环境。

（四）经济复苏期的财政税收政策

经济复苏期，经济开始从低谷逐步回升，企业的生产经营活动逐渐恢复正常，就业状况也呈现出持续改善的良好态势。在此关键阶段，财政税收政策致力于巩固来之不易的复苏成果，促进经济的平稳健康增长。

在税收政策方面，政府会适时调整税收优惠政策，重点向新兴产业和具有发展潜力的企业倾斜，以培育新的经济增长点。美国在2010-2015年的经济复苏期间，针对新能源汽车产业制定了极具吸引力的税收抵免优惠政策。每辆新能源汽车可根据不同的车型和电池续航里程等因素，获得2500—7500美元的税收抵免。在这一政策的强力推动下，特斯拉等新能源汽车企业迎来了高速发展的黄金时期。特斯拉在政策实施期间，凭借税收抵免优惠降低了产品售价，提高了产品的市场竞争力。其 Model S 车型在美国市场的销量在三年内增长了200%，并成功拓展了全球市场，在欧洲、亚洲等地区建立了销售网络和生产基地。同时，新能源汽车产业的蓬勃发展带动了上下游相关产业链的协同成长。在电池制造领域，美国本土的电池企业如 LG 化学美国工厂获得了大量来自新能源汽车企业的订单，加大了研发和生产投入，提升了电池的能量密度和续航里程。在充电桩建设方面，政府和企业共同投资，在全国范围内新建了大量公共充电桩，为新能源汽车的普及提供了便利条件，进一步促进了新能源汽车产业的发展壮大，形成了一个新兴的、充满活力的产业集群，为美国经济的复苏和可持续发展注入了新的动力。

在财政支出政策方面，政府在继续维持对基础设施建设投入的同时，会专门设立专项资金，加大对中小企业的扶持力度，以促进就业增长和经济结构的多元化发展。法国在经济复苏过程中，政府每年专门设立约 1.5 亿欧元的中小企业扶持专项资金。该资金通过多种方式为中小企业提供支持。例如，为中小企业提供低息贷款，年利率较市场平均水平低约 3 个百分点，许多中小企业借助这些低息贷款扩大了生产规模。如一家从事机械制造的中小企业获得了 200 万欧元的低息贷款，用于购置新的生产设备，不仅提高了生产效率，产品质量也得到了提升，在市场竞争中赢得了更多订单。此外，政府还为中小企业提供技术研发补贴，补贴金额最高可达研发项目总投入的 50%。在这一政策鼓励下，众多中小企业积极开展技术创新活动，开发出了一系列具有特色的产品和服务，丰富了法国的经济产业结构，创造了大量的就业机会，从企业内部的生产岗位到技术研发、市场营销等岗位，为不同技能和专业背景的人群提供了就业选择，促进了法国经济在复苏过程中的多元化发展和就业市场的稳定繁荣。

第二节　政策目标设定的精细化原则

一、精细化原则于财政税收政策目标设定的应用剖析

（一）明确性原则应用解析

于财政税收政策目标设定，明确性至为关键。以研发费用加计扣除政策为例，清晰界定适用企业范围为财务核算健全、实行查账征收且从事特定研发活动的企业，明确研发活动范畴涵盖基础研究、应用研究与试验发展等环节，对可加计扣除的研发费用构成详细规定，包括人员人工费用、直接投入

费用、折旧费用等具体项目及核算标准。如此，企业可精准判定自身是否契合政策，税务部门亦能依规审核监管。反之，若政策目标含混，如仅言对创新活动给予税收优惠而无明确界定，将致执行混乱，企业困惑于自身资格，税务部门审核缺统一依据，引发征纳矛盾，损及政策公信力与效率。

（二）可衡量性原则应用探究

可衡量性为财政税收政策目标设定提供量化判据。在财政收入政策方面，设定税收征管质量目标，如以税收流失率（应征未征税额与应征税额的比值）衡量征管成效，预定在特定时期内将税收流失率控制在一定范围（如 5% 以内），通过对税源监控、纳税评估与税务稽查等多环节数据采集分析，精确测算税收流失规模，依此评估征管工作优劣并进行针对性改进。于财政支出政策，以公共卫生领域为例，设定目标为特定财政年度内投入专项资金用于特定疾病防控（如艾滋病防控），明确资金用途涵盖预防宣传、检测试剂采购、患者治疗救助等方面，并设定具体量化指标，如预防宣传覆盖人数增长比例、检测试剂供应数量提升幅度、患者治疗成功率提高百分点等，借这些指标直观评估政策成效。缺少可衡量性，如仅提"提升公共卫生水平"之类宽泛目标，难以确定政策实效，不利于资源合理配置与监控评估。

（三）可达成性原则应用解读

可达成性确保财政税收政策目标契合现实条件。以地方财政债务管理政策为例，设定债务规模控制目标时，需综合考量地方经济总量、财政收入规模、资产负债结构及市场融资环境等因素。若某地方经济总量较小、财政收入增长缓慢且资产变现能力有限，贸然设定大幅降低债务规模（如一年内降低 50%）且严格限制新增债务的目标，不具现实操作性，可能致债务违约风险上升或地方政府公共服务供给受阻。合理目标设定应基于对地方经济财政状况深入剖析与预测，如设定在一定时期内（如 3~5 年）逐步优化债务结构，将债务成本率（债务利息支出与债务总额的比值）降低至一定水平（如 8% 以下），同时适度控制债务规模增长速度（如与地方经济增长速度相匹配），并制定配套措施，如盘活存量资产、拓展合规融资渠道、优化财政支出结构等，以保障目标可达，促进地方财政可持续。

（四）相关性原则应用剖析

相关性要求财政税收政策目标与财政税收职能及社会经济发展需求紧密相连。于税收政策促进就业职能方面，对吸纳特定人群（如退役军人、残疾人等）就业的企业给予税收优惠，按吸纳人数与比例确定税收减免额度，与就业促进职能直接相关。在经济结构优化方面，为推动高端制造业发展，对先进制造设备购置给予企业所得税税额抵免政策，契合产业升级战略。若与政策目标脱节，如对落后产能过剩行业给予大规模税收补贴，将致资源错配，阻碍经济结构调整与可持续发展，违背财政税收政策初衷与公共利益。

（五）时效性原则应用阐释

时效性为财政税收政策目标设定时间框架。以政府财政补贴政策为例，为促进新能源汽车产业发展，设定补贴政策期限（如自政策发布起五年内有效），并划分阶段目标。第一阶段（前两年）重点扶持新能源汽车整车研发制造企业，设定研发投入增长目标与新车上市数量指标；第二阶段（后三年）逐步拓展至新能源汽车关键零部件企业，设定零部件国产化率提升目标与质量标准达标时间节点，同时明确各阶段补贴资金发放时间与条件，依时间进程监控评估政策成效，确保政策及时有效实施，避免资金闲置浪费与产业发展无序。

二、遵循与违背精细化原则对政策实施效果的案例比对

（一）遵循精细化原则案例：德国增值税改革政策

1. 政策目标设定

在明确性方面，德国增值税改革对税率调整范围做出了极为精准的界定。制造业统一适用 19% 的标准税率，这一税率的确定是经过对制造业企业的成本结构、利润水平以及国际竞争环境等多方面因素的综合考量。对于部分生活服务业，如餐饮、住宿等行业，则适用 7% 的低税率，旨在减轻这些与民生密切相关行业的税收负担，促进其发展。同时，对于兼营业务的企业，详

细规定了按照不同业务销售额占比来确定适用税率的规则，例如，若一家企业兼营制造与餐饮服务，且制造业务销售额占总销售额的 60%，餐饮服务占40%，则其增值税计算需分别按照相应业务的税率及销售额比例进行核算，避免了企业在税率适用上的模糊性与争议性。

在可衡量性方面，设定了以增值税税负转嫁率（企业税负转嫁金额与应纳税额的比值）作为核心衡量指标的税收中性目标，预期改革后整体税负转嫁率稳定在 30%~40% 之间。为了准确监测这一指标，德国税务部门建立了一套完善的数据监测与分析系统。该系统与企业的财务数据库、税务申报系统以及市场交易数据平台实现了深度对接，能够实时获取企业的成本变动数据，包括原材料采购价格、劳动力成本等；精准掌握企业在市场中的竞争状况，如市场份额变化、竞争对手定价策略等；详细追踪商品和服务价格的变动数据，涵盖从生产环节到消费终端的全链条价格信息。通过对这些海量数据的深入分析与挖掘，运用先进的数据模型与算法，如多元线性回归模型等，精确评估增值税改革对企业税负转嫁的实际影响，从而判断政策是否达到预期的税收中性目标。

在可达成性方面，在改革正式推行之前，德国政府组织了专业的经济研究团队与税务专家团队，联合开展了大规模的模拟测算工作。他们深入到不同规模、不同类型的企业中，收集了海量的企业财务数据、经营数据以及行业发展趋势数据等。基于这些丰富的数据资源，运用复杂的经济计量模型，如动态随机一般均衡模型（DSGE），模拟了增值税改革在不同场景下对企业税负变化的影响。对于模拟结果显示可能出现税负上升的企业，政府制定了一系列具有针对性的过渡性扶持政策。例如，对于一些小型制造企业，若因增值税改革导致税负增加，允许其在三年内分期缴纳税款，并且根据税负增加的幅度给予相应比例的税收减免。此外，还为这些企业提供免费的税务咨询与财务培训服务，帮助其优化财务管理流程，提高成本控制能力，从而确保企业能够平稳地过渡并适应改革带来的变化。

在相关性方面，此次增值税改革与德国长期以来致力于简化税制、促进市场公平竞争以及推动产业融合发展的战略目标高度契合。从简化税制角度来看，通过统一制造业税率、明确生活服务业低税率以及规范兼营业务税率规则等措施，极大地简化了增值税的征收管理流程，减少了企业在纳税申报过程中的复杂性与不确定性。在促进市场公平竞争方面，消除了以往因增值税政策不清晰或不合理导致的企业间税负差异，无论是大型跨国企业还是本土中小企业，都在相同的税收规则下开展竞争，营造了一个更加公平、透明的市场竞争环境。对于推动产业融合发展，增值税改革通过调整税率结构，鼓励制造业与服务业之间的互动与协作。例如，制造业企业在购买服务时能够获得更多的进项税额抵扣，从而促进了生产性服务业的发展；而服务业企业也因制造业的需求增长而获得更多的业务机会，加速了产业之间的融合与协同创新。

在时效性方面，德国政府制定了一份详细且严谨的改革推进时间表。首先，在改革筹备阶段，花费了近一年的时间进行政策研究、模拟测算以及社会各界的意见征求工作。随后，正式进入改革实施阶段，在第一年年初，率先对制造业企业的增值税发票管理系统进行全面升级，确保企业能够按照新的税率标准准确开具发票并进行税务申报。在这一过程中，税务部门为企业提供了专门的培训与技术支持，帮助企业顺利过渡到新的发票管理系统。到了第一年的年中，开始逐步调整制造业的增值税税率，分阶段将税率从原来的水平调整至19%，并密切关注企业的税负变化与市场反应。在第二年，针对生活服务业的增值税税率调整工作全面展开，同时进一步完善了兼营业务的税收征管细则。在整个改革过程中，各个环节之间紧密衔接，有条不紊地推进，确保了政策实施的高效性与稳定性。

2.政策实施成效

在企业层面，改革成效显著。约70%的制造业企业税负得到了合理调整，其中，约40%的企业税负略有下降，平均税负降低幅度约为3%~5%。这些企业将节省下来的资金主要用于技术研发投入与设备更新改造。例如，德国某知名汽车制造企业，在增值税改革后，每年节省的税款约为5000万欧元，该企业将其中的60%投入到新能源汽车技术研发项目中，成功研发出一系列高效节能的新能源汽车车型，提升了企业在全球市场的竞争力。另外30%的制造业企业税负保持相对稳定，这得益于政策在税率设定与过渡性扶持政策上的精准性，使得这些企业在改革过程中未受到较大冲击，能够继续保持稳定的生产经营。服务业企业也因进项税额抵扣范围的扩大而受益颇多。以一家大型连锁酒店为例，在增值税改革后，其在采购酒店用品、设备维修、广告宣传等方面的进项税额抵扣增加，整体税负降低了约 10%。酒店将节省下来的资金用于改善服务设施与员工培训，提升了服务质量与顾客满意度，经营活力显著增强，投资意愿也进一步提升，部分酒店开始拓展海外市场或进行品牌升级与连锁扩张。

在市场层面，增值税改革有力地促进了商品和服务的流通。由于税负的合理调整，企业在定价策略上更加灵活，商品和服务价格更加合理，市场竞争也更加公平有序。据市场调研机构数据显示，在改革后的两年内，德国国内市场的商品流通速度加快了约 15%，服务消费增长了约 10%。物价水平在改革期间保持相对稳定，未出现因税收政策调整而引发的大幅物价波动现象，消费者的实际购买力得到了有效保障，进一步促进了消费市场的繁荣与稳定。

在财政收入方面，虽然在改革的短期局部阶段，由于税率调整与税收优惠政策的实施，部分地区或行业的财政收入出现了一定程度的波动，但从长期来看，随着经济活跃度的显著提升与税基的不断扩大，财政收入实现了稳定增长。在改革后的五年内，德国全国的增值税收入平均每年增长约 8%。这主要得益于企业经营状况的改善、市场规模的扩大以及税收征管效率的提高。企业在税负合理调整后，盈利能力增强，生产经营规模扩大，从而带动了增值税税基的增长；市场的繁荣促进了商品和服务的交易，增加了税收来源；同时，税务部门在改革过程中不断优化征管流程，加强信息化建设与数据分析应用，提高了税收征管的精准性与效率，有效防止了税收流失，确保了财政收入的稳定增长。这充分验证了遵循精细化原则的政策目标设定对于政策成功实施的关键作用，为其他国家或地区的税收政策改革提供了宝贵的借鉴经验。

（二）美国"黑人税"问题

1. 背景

长期以来，美国存在着严重的种族不平等问题，在土地税收政策方面也有所体现。

2. 政策与执行情况

非裔美国人的房产价值一直被房屋估价人员低估，但却被税务评估员高估，导致他们要缴纳更多的房产税。这种情况在 20 世纪 60 年代几乎存在于每个研究税收不平等问题的城市。例如，早在 20 世纪初，非裔所得到的土地通常都不如白人的土地，但他们的土地价值却被高估五成。到 2005 年，非裔在次级抵押贷款借贷人中所占比例过高，他们更有可能突然被要求一次性付清税款，这又增加了他们违约的风险。

3.违背精细化原则的体现

税收政策没有考虑到种族因素对房产价值评估和税收负担的影响，缺乏对不同种族群体实际情况的细致考量和区分。没有根据非裔社区的实际情况，如房屋质量、周边设施等因素来合理评估房产价值和征收税款，而是采用了一种粗放的、带有歧视性的评估方式，导致非裔美国人承受了不公平的税收负担，违背了税收政策应有的精细化和公平性原则。

4.影响

"黑人税"在一定程度上导致了美国社会的种族贫富差异。非裔社区里非裔美国人拥有的房屋和财产价值被压低，使得他们的房产难以成为向上流动的工具。同时，这种不公平的税收制度还导致公立学校资金的极端差异，例如 20 世纪 50 年代，芝加哥公立学校中近半数非裔学生得不到全日制教育，而白人学生中这一比例仅为 2%。

第三节　财政税收政策调整的精细化策略

一、财政税收政策调整的必要性与重要性

财政税收政策于国家宏观经济调控体系中占据核心地位，其调整的必要性与重要性根植于经济运行的复杂性与动态性。在市场经济的固有周期波动下，繁荣与衰退交替出现。例如，在 2008 年全球金融危机期间，经济陷入严重衰退，企业倒闭潮涌现，失业率急剧攀升。美国政府为应对此困境，迅速调整财政税收政策，实施大规模经济刺激计划，包括对企业的税收减免与财政援助，以稳定企业经营，防止经济进一步恶化；同时加大对失业救济与公共基础设施建设的财政投入，旨在刺激就业与拉动内需。据统计，该刺激计划总规模达数千亿美元，在一定程度上缓解了经济衰退的压力，助力经济逐步

走向复苏。

从产业结构变迁视角审视，随着科技进步与全球经济一体化进程加速，产业结构不断优化升级。传统制造业面临成本上升与市场竞争加剧的双重挑战，新兴产业如人工智能、生物技术等则蓬勃兴起。财政税收政策需适时调整以契合产业发展需求。以中国为例，为推动高新技术产业发展，政府出台了一系列税收优惠政策，如对高新技术企业给予企业所得税减免，研发费用加计扣除等优惠措施。自政策实施以来，高新技术企业数量显著增加，研发投入大幅提升。据相关数据显示，在某一特定时期内，高新技术企业的研发投入增长率超过20%，有力地促进了产业创新与升级，提升了国家整体竞争力。

社会公平目标的实现对财政税收政策调整提出了持续要求。在经济发展过程中，居民收入差距可能逐渐拉大。如一些高收入群体通过资本增值与财产性收入积累了巨额财富，而低收入群体主要依赖工资性收入，且在教育、医疗等基本公共服务获取上存在劣势。此时，财政税收政策可通过调整个人所得税累进税率结构、开征房产税等方式，调节收入分配，促进社会公平。北欧国家在社会公平建设方面成效显著，其通过高边际税率的个人所得税制度以及完善的社会保障体系，有效缩小了居民收入差距，基尼系数长期维持在较低水平，为社会稳定与和谐发展奠定了坚实基础。

二、财政税收政策调整的精细化策略分析

（一）调整时机：定期评估与实时监测相结合

1. 定期评估机制

建立一套严谨且系统的定期评估机制是实现财政税收政策精准调整的基石。多数国家和地区遵循年度或半年度的固定周期，对核心财政税收政策进行深入剖析。评估流程起始于数据收集环节，通过与各经济部门、企业数据库以及统计机构的广泛合作，采集涵盖宏观经济总量指标（如国内生产总值、通货膨胀率、失业率）、行业发展关键数据（如各行业产值、利润、投资规模）以及企业微观财务数据（如资产负债表、利润表、现金流量表中的相关数据）

等多维度海量信息。

以增值税政策评估为例，运用面板数据模型进行分析。设增值税税率为 t，进项税额抵扣范围比例为 d，税收优惠政策力度为 s，企业销售额为 Y，企业成本为 C，企业投资为 I，行业发展指数为 D，宏观经济增长指标为 G。构建模型如下：

$$InY_{it} = \alpha_0 + \alpha_1 t_{it} + \alpha_2 d_{it} + \alpha_3 s_{it} + \alpha_4 InC_{it} + \alpha_5 I_{it} + \mu_i + \lambda_t + \epsilon_{it} \qquad （公式1）$$

$$D_{jt} = \beta_0 + \beta_1 t_{jt} + \beta_2 d_{jt} + \beta_3 s_{jt} + \beta_4 \sum_i Y_{it} + \theta_j + \tau_t + \eta_{jt} \qquad （公式2）$$

$$G_t = \gamma_0 + \gamma_1 \sum_j D_{jt} + \gamma_2 \sum_i Y_{it} + \gamma_3 \sum_i I_{it} + \omega_t + \xi_t \qquad （公式3）$$

其中，i 表示企业个体，j 表示行业，t 表示时间；μ_i、λ_t、θ_j、τ_t、ω_t 分别表示企业个体固定效应、时间固定效应（公式 1）、行业固定效应、时间固定效应（公式 2）、时间固定效应（公式 3）；ξ_t、ϵ_{it}、η_{jt} 为随机误差项。

在欧洲某国的增值税政策评估实践中，经过对过去三年数据的细致处理与模型运算，得出当增值税税率降低 1 个百分点时，企业销售额 Y 在随后一年度的变化率 $\frac{\Delta Y}{Y}$ 约为 3%，即 $\alpha_1 \approx -0.03$（这里负号表示税率降低对销售额的正向影响），而财政收入在短期内减少比例约为 5%。通过这种精确量化的评估结果，政策制定者能清晰洞察政策效果与偏差，为后续调整提供科学依据。

2. 实时监测体系

在当今数字化浪潮下，构建实时监测体系依赖于先进的大数据技术平台与智能化数据采集系统。数据采集频率依据监测指标的敏感性与重要性设定，例如，对于金融市场交易数据可能采用秒级或分钟级采集，而对于一些行业运营数据则采用月度采集。

以海关进出口数据监测为例，设进口产品数量为 Q，进口产品价格为 P，国际市场供给量为 S，国内市场需求量为 D，汇率为 E，贸易政策变量为 T。构建监测模型：

$$Q = f(P, S, D, E, T)$$

当某一时期特定产品进口量 Q 出现大幅波动时，例如，Q 的环比增长率超过一定阈值（如 20%），则通过分析其他变量变化情况判断原因。若 P 下降

且 S 增加,可能是国际市场供应过剩导致;若 D 上升且 T 放宽,可能是国内需求增长与贸易政策利好共同作用。

又如金融市场交易数据监测,设股票价格指数为 I_s,债券收益率为 R_b,外汇汇率为 E_f,宏观经济景气指数为 B,货币政策变量为 M。构建模型:

$$\Delta I_s = g(R_b, E_f, B, M)$$
$$\Delta R_b = h(I_s, E_f, B, M)$$
$$\Delta E_f = k(I_s, R_b, B, M)$$

当股票市场出现短期内股价大幅下跌(如 $\Delta I_s < -10\%$),债券收益率急剧上升(如 $R_b > 5\%$)或外汇汇率异常波动(如 $\Delta E_f =$ 偏离其长期均值的 10%)时,结合宏观经济景气指数 B 和货币政策变量 M 综合判断宏观经济潜在风险,为财政税收政策调整提供实时预警信号。通过将实时监测数据与定期评估结果相互融合,形成一个动态、全面的决策依据体系,确保政策调整时机的精准把握。

(二)调整幅度:基于数据分析与模拟预测

1. 数据分析确定政策变量影响程度

精确量化财政税收政策调整幅度的核心在于深度挖掘和细致分析大规模数据。以企业所得税政策为例,运用多元线性回归模型进行分析。设企业所得税税率为 r,税收优惠方式(如免税期长度 L、投资抵免比例 k),企业投资决策变量为 I(如固定资产投资、研发投资),创新投入强度为 R(如研发投入占营业收入比例),就业吸纳能力为 N(如新增就业人数),税收收入规模为 T。构建模型如下:

$$I = \alpha_0 + \alpha_1 r + \alpha_2 L + \alpha_3 k + \alpha_4 InY + \alpha_5 Z + \epsilon_1$$
$$R = \beta_0 + \beta_1 r + \beta_2 L + \beta_3 k + \beta_4 InY + \beta_5 Z + \epsilon_2$$
$$N = \gamma_0 + \gamma_1 r + \gamma_2 L + \gamma_3 k + \gamma_4 InY + \gamma_5 Z + \epsilon_3$$
$$T = \delta_0 + \delta_1 r + \delta_2 L + \delta_3 k + \delta_4 InY + \delta_5 Z + \epsilon_4$$

其中,Y 表示企业营业收入,Z 表示企业规模、行业类型等控制变量;ϵ_1、ϵ_2、ϵ_3、ϵ_4 为随机误差项。

在对某新兴经济体企业所得税政策研究中，经过数据处理与模型估计，当企业所得税税率从 25% 降低至 20% 时，即 Δr=-0.05，制造业企业固定资产投资 I 在随后两年内平均增长比例 $\dfrac{\Delta I}{I}$ 约为 12%，即 $\alpha_1 \approx$-2.4（负号表示税率降低对投资的正向影响）；研发投入占营业收入比 R 提升约 0.5 个百分点，即 $\beta_1 \approx$-0.1；就业人数 N 增长约 8%，即 $\gamma_1 \approx$-1.6；税收收入 T 在短期内减少约 10%，即 $\delta_1 \approx$2。基于这些精确量化关系，政策制定者结合特定政策目标（如促进企业投资、鼓励创新或稳定就业），利用这些参数估计值计算税率调整幅度，以实现政策效果的精准预期。

2. 模拟预测评估不同幅度调整效果

在确定政策变量影响程度后，运用宏观经济模拟模型进行不同幅度政策调整方案的前瞻性预测与综合评估。以财政支出政策调整为例，采用动态随机一般均衡模型（DSGE）。设财政支出规模调整幅度为 ΔG（如增加 10%、20% 或 30%），国内生产总值为 GDP，就业岗位数量为 J，居民消费价格指数为 CPI，财政赤字率为 F。模型构建包含家庭部门、企业部门、政府部门等多主体的行为方程与市场出清条件。

例如，家庭部门消费方程：$C = a_0 + a_1 Y_d + a_2 r - a_3 CPI + \epsilon_5$，其中 C 为家庭消费，Y_d 为家庭可支配收入，r 为利率，ϵ_5 为随机扰动项。

企业部门生产方程：$Y = b_0 + b_1 K + b_2 L + b_3 A + \epsilon_6$，其中 Y 为企业产出，K 为资本投入，L 为劳动投入，A 为技术水平，ϵ_6 为随机扰动项。

政府部门财政收支方程：$T - G = F \times GDP$，其中 T 为税收收入。

通过设定不同的 ΔG 值，模拟在未来三年时间范围内 GDP、J、CPI、F 等变量的动态变化路径。模拟结果显示，当 ΔG = 20% 时，在未来三年内可能带动 GDP 增长约 1.5 个百分点，即 $\dfrac{\Delta GDP}{GDP} \approx 0.015$，拉动相关产业链上下游企业新增就业岗位约 80 万个，$\Delta J \approx$800000，引发 CPI 上升约 0.8 个百分点，即 $\Delta CPI \approx$0.008，对财政赤字率产生约 3 个百分点的影响，即 $\Delta F \approx$0.03。通过对不同幅度调整方案在经济增长、就业创造、物价稳定以及财政可持续性等多维度模拟预测结果的比较与权衡，政策制定者能够确定最优调整幅度，实现综合效益最大化。

（三）调整方式：渐进式调整与一次性调整的选择

1. 渐进式调整策略应用

渐进式调整策略在经济形势相对稳定、政策调整影响范围广泛且深远时尤为适用。以个人所得税改革为例，其调整路径遵循渐进原则。在初始阶段，设个人所得税免征额为 E，税率级距为 R。在某一财政年度，将免征额 E 从 3000 元提高至 3500 元，即 $\Delta E=500$ 元，同时对部分税率级距 R 进行微调，如将最低税率适用范围的上限从 5000 元提高至 5500 元。

政策实施第一年，通过收集居民家庭收支调查数据、税收征管数据以及宏观经济消费数据进行综合分析。设居民消费支出为 C，居民可支配收入为 Y_d，税收收入为 T，低收入群体税负为 B。构建分析模型：

$$C = \alpha_0 + \alpha_1 Y_d + \alpha_2 \Delta E + \alpha_3 \Delta R + \epsilon_7$$
$$T = \beta_0 + \beta_1 Y_d + \beta_2 \Delta E + \beta_3 \Delta R + \epsilon_8$$
$$B = \gamma_0 + \gamma_1 Y_d + \gamma_2 \Delta E + \gamma_3 \Delta R + \epsilon_9$$

其中 ϵ_7、ϵ_8、ϵ_9 为随机误差项。经分析发现，居民消费支出 C 呈现一定程度增长，如 $\dfrac{\Delta C}{C} \approx 0.03$，低收入群体税负 B 有所减轻，税收收入 T 未出现大幅波动且结构略有优化。基于第一年的政策效果评估，在后续年度进一步推进改革，逐步扩大税率级距调整范围，如将中等收入税率级距进一步细分并适度降低税率。设中等收入税率级距调整幅度为 ΔR_m，在第二年将 ΔR_m 设定为细分出一个新的税率级距，税率降低 2 个百分点。通过这种逐步推进的方式，社会各界有足够时间适应政策变化，企业能够根据居民消费能力和税负变化调整经营策略，宏观经济也能平稳过渡，实现个人所得税调节收入分配、促进消费升级的长期优化目标。

2. 一次性调整策略应用

一次性调整策略适用于应对突发重大经济事件或政策目标急需迅速转变的特殊情况。以 20 世纪 90 年代亚洲金融危机期间某受影响严重国家为例，在税收政策方面，设企业所得税税率为 r，原税率 $r_0=35\%$，一次性调整后税率 $r_1=25\%$，即 $\Delta r =-0.1$。同时对受危机冲击严重的出口导向型制造业、房地产业以及旅游业等行业实行临时性税收豁免，设税收豁免额度为 S，涵盖企业所得税、增值税等多个税种。

在财政支出政策方面，一次性推出总额高达 G 亿美元（如 G=500 亿美元）的经济刺激计划，主要投向基础设施建设（设投资比例为 p_1，如 p_1=0.4）、中小企业扶持（设投资比例为 p_2，如 p_2=0.3）以及金融机构救助（设投资比例为 p_3，如 p_3=0.3）等领域。

通过这种一次性强力政策调整，在极短时间内改变市场主体预期。企业投资信心指数 I_b 和居民消费信心指数 I_c 在政策实施后短期内迅速提升，如 ΔI_b>0.2（表示提升 20% 以上），ΔI_c>0.15（表示提升 15% 以上），有效遏制经济下滑态势。然而，一次性调整导致财政赤字在短期内急剧扩大，设财政赤字为 F，调整前赤字率为 F_0，调整后赤字率为 F_1，$\Delta F=F_1-F_0$ 可能达到 5 个百分点以上。部分行业因过度依赖政策扶持在长期内缺乏内生发展动力，如一些受扶持企业在政策结束后市场竞争力下降，市场份额萎缩。因此，在实施一次性调整策略时，需在事前进行充分风险评估与预案制定，如运用压力测试评估财政赤字承受能力，分析行业长期发展风险；事中密切跟踪监测政策实施效果并及时调整优化，如根据经济复苏进度调整财政支出结构；事后逐步引导经济回归正常发展轨道并建立长效稳定机制，如逐步减少税收豁免范围和财政刺激规模，促进企业自主创新与市场竞争能力提升。

第八章 财政税收工作中的人力资源精细化管理

第一节 人员招聘与配置的精细化

一、人员招聘与配置的理论溯源与核心要义

在财政税收部门的组织架构与职能履行进程中，人员招聘与配置构成了人力资源管理体系的关键基石。其理论根基深植于人力资本理论，该理论强调人力作为一种资本，其投资与开发能够为组织带来显著的价值增值。对于财政税收部门而言，具备专业知识、技能与经验的人员能够在税收征管、财政预算编制与管理、政策研究与制定等核心业务领域发挥关键效能，直接影响财政资源的合理分配与利用效率，进而对地区乃至国家的经济稳定与发展产生深远影响。从战略人力资源管理视角出发，人员招聘与配置需紧密契合组织战略目标。财政税收部门在不同的经济发展阶段与政策导向下，具有各异的战略重点。例如，在经济扩张期，可能侧重于通过税收优惠政策促进企业投资与创新，此时招聘与配置的人员需具备政策解读与企业扶持的相关能力；而在财政紧缩期，则更注重税收征管的强化与财政资金的精细化管理，要求人员在征管执法与预算控制方面具备专长。这种与战略目标的协同性，确保了人力资源的投入能够精准服务于部门的核心使命，提升整体组织绩效。以某地区财政税收部门为例，在早期由于缺乏对人员招聘与配置战略意义的深刻认知，未能依据部门业务战略需求进行人员规划。在经济结构转型时期，新兴产业蓬勃发展，对税收政策的创新性与适应性提出了更高要求，但部门内部人员多擅长传统产业税收征管，缺乏对新兴产业业态、商业模式以及相关税收政策研究的专业人才。这导致在制定针对新兴产业的税收政策时，出

现政策滞后、不适应行业发展需求等问题，影响了地区新兴产业的发展活力与财政税收的可持续增长，充分凸显了基于理论指引构建精细化人员招聘与配置体系的紧迫性与重要性。

二、岗位需求剖析：方法、工具与应用实例

（一）工作分析问卷：设计框架与内容详析

1. 岗位基本信息

（1）岗位名称

例如，市级财政局预算科预算编制专员。明确的岗位名称有助于在组织架构内准确定位该岗位职能，区分不同岗位角色。

（2）所属部门

财政局预算科。表明岗位在组织内部的归属，便于理解其在部门业务流程中的位置以及与部门整体目标的关联性。

（3）岗位编号

FJYS-003。采用特定的编码规则，方便人力资源管理系统对岗位进行分类、检索和管理，确保岗位信息的系统性与唯一性。

2. 工作任务与职责描述

（1）预算草案编制任务

每年在规定时间内（通常为上一年度第四季度），依据各部门提交的预算需求申报资料、宏观经济预测数据、财政收入预估数据以及相关政策导向，运用专业预算编制软件（如金财工程预算管理系统），负责编制市级政府年度预算草案。需对各部门申报数据进行详细审核与合理性分析，按照功能分类和经济分类科目进行精准分类汇总，确保预算草案编制的准确性、完整性与合规性，预算草案编制误差率控制在 5% 以内。

（2）预算执行监控职责

在预算执行年度内，每日实时跟踪财政资金支付情况，通过与国库集中支付系统、各预算单位财务系统的数据对接，及时掌握资金流向与支出进度。对预算执行过程中的异常支出（如超预算列支、违规挪用资金等）进行预警

与初步核查，每周生成预算执行监控报告，详细分析支出进度偏离原因（如项目延迟启动、资金拨付环节不畅等），并提出相应的调整建议，确保全年预算执行进度偏差率不超过 10%。

（3）预算调整管理工作

当因政策变动（如新增重大民生项目）、经济形势变化（如税收收入大幅波动）或其他不可抗力因素导致预算需要调整时，在接到调整申请后的 15 个工作日内，组织相关部门和专家进行论证评估。收集整理调整所需的详细数据资料（如项目变更说明书、成本效益分析报告等），运用成本－效益分析、绩效评价结果等工具和方法，对预算调整方案进行严谨审核与优化，起草预算调整报告并提交上级领导审批，确保预算调整的必要性、合理性与合法性。

3. 工作权限界定

（1）预算草案编制权限

在遵循国家财政预算法规、上级部门总体预算框架以及市级政府战略规划的前提下，有权对各部门提交的预算需求数据进行质疑、要求补充说明或提出修改建议，以确保预算草案符合财政资源配置原则和政策导向。对于符合规定的常规预算项目编制内容，可在一定范围内（如单项预算金额变动不超过 10% 且不影响整体预算平衡）自行调整与确定，提高预算编制效率。

（2）预算执行监控权限

有权获取国库、各预算单位以及相关金融机构与预算执行相关的财务数据和业务信息，以保障监控工作的全面性与准确性。对于预算执行中的小额（如单笔支出金额在 5 万元以下）、常规性支出异常情况，可直接与预算单位沟通协调并要求其限期整改；对于涉及金额较大或性质较为严重的异常支出（如 5 万元以上或涉及重大政策违规风险），需及时向上级领导汇报并协同审计部门、纪检监察部门等进行深入调查处理。

（3）预算调整管理权限

在预算调整论证评估过程中，有权召集相关部门负责人、行业专家、利益相关者代表等参与会议，主导论证评估流程，要求各方提供真实、准确且完整的信息资料。对于预算调整方案中涉及金额较小（如调整金额占原预算比例在 5% 以内）且影响范围有限的部分内容，可在内部小组审议通过后直接实施调整；对于超出该范围的重大预算调整，需详细撰写调整报告并提交上级领导班子集体决策审批，确保预算调整的审慎性与科学性。

4. 工作关系梳理

（1）内部关系

与财政部门内部的各业务科室（如国库科、政府采购科、绩效管理科等）建立紧密协作关系。在预算编制阶段，与国库科沟通了解财政资金存量与可调配情况，与政府采购科协调政府采购项目预算安排；在预算执行过程中，与国库科协同监控资金拨付流程，与绩效管理科共享预算执行数据用于绩效评价工作；与局内的政策研究室保持信息交流，及时获取最新财政政策解读与研究成果，为预算工作提供政策依据与导向。在涉及跨部门项目预算管理时，与其他科室共同组建项目工作小组，明确分工与协作机制，确保项目预算从编制到执行的顺利推进。

（2）外部关系

与市级各行政事业单位（如教育局、卫生局、交通局等）保持常态化业务联系。定期组织预算编制培训与工作会议，向各单位宣传财政预算政策与编制要求，解答预算申报过程中的疑问；在预算执行阶段，与各单位财务人员密切沟通，及时处理预算执行中的问题与矛盾，协助各单位优化财务管理流程以符合预算管理规范；与税务部门建立数据共享机制，定期获取税收收入数据用于财政收入预估与预算平衡分析；与审计部门协同配合，在预算审计工作中提供相关资料与协助，根据审计意见及时整改预算管理中的问题；与金融机构（如银行）在国库集中支付业务、政府债券发行与管理等方面开展合作，保障财政资金的安全存储与高效运作。与相关企业（如参与政府采购项目投标的企业）在预算项目采购环节进行业务对接，审核企业资质、参与采购合同签订与执行监督等工作，确保采购项目符合预算安排与质量要求；与税务中介机构在税收政策咨询、企业纳税情况调研等特定业务中进行交流合作，获取专业的税务信息与建议，为财政税收政策制定与调整提供参考依据。

5. 任职资格设定

（1）教育背景

要求具有全日制本科及以上学历，财政学、会计学、经济学、公共管理等相关专业毕业。相关专业知识体系为岗位工作提供了理论基础，本科及以上学历水平确保了岗位人员具备较强的学习能力与综合素质，能够理解和处理复杂的财政预算业务与经济数据。

（2）专业知识

精通国家财政预算法规、税收政策、政府会计准则以及财务管理知识；熟悉宏观经济形势分析方法与财政收入预测模型；掌握预算编制软件（如金财工程预算管理系统）、数据分析工具（如 Excel 高级功能、SPSS 统计分析软件等）的操作与应用；了解政府采购流程、绩效评价体系以及政府债务管理政策等相关领域知识，以保障在预算工作各个环节能够准确运用专业知识进行决策与操作。

（3）工作经验

具有 3~5 年财政预算工作经验或相关财务管理工作经验。其中，至少具有 1 年以上从事预算编制、预算执行监控或预算调整管理等核心业务工作经历。丰富的工作经验有助于岗位人员熟悉预算工作流程与常见问题处理方法，积累应对复杂预算业务场景的实践能力，提高工作效率与质量。

（4）技能要求

熟练掌握办公软件操作技能，如能够运用 Excel 进行大规模数据处理（包括数据透视表、函数公式运用等）、Word 进行专业文档撰写（如预算报告、政策文件起草等）、PowerPoint 进行演示文稿制作（如预算工作汇报、项目推介等）；具备良好的数据分析能力，能够运用统计分析软件对财政数据进行深度挖掘与分析（如运用 SPSS 进行数据相关性分析、趋势预测等），为预算决策提供数据支持；拥有较强的沟通协调能力，能够在部门内部、外部单位以及利益相关者之间进行有效的沟通交流，协调各方资源与利益关系，推动预算工作顺利开展；具备一定的文字表达能力，能够清晰、准确地撰写预算相关文件、报告与政策解读材料；具有较强的问题解决能力，在面对预算工作中的突发问题（如预算执行中的资金缺口、项目预算超支等）时，能够迅速分析问题根源并提出切实可行的解决方案。

（5）职业素养

秉持客观公正、严谨细致的工作态度，在预算编制与审核过程中严格遵循法规政策与数据真实性原则，确保预算工作的公正性与准确性；具有高度的责任心与敬业精神，对预算工作的每一个环节都认真负责，保障财政资金的合理配置与安全使用；具备良好的团队合作精神，能够与同事、上级领导以及外部协作单位积极配合，共同完成预算管理任务；具有较强的保密意识，妥善保管涉及财政预算的敏感信息与数据，防止信息泄露风险。

在问卷设计完成后，首先在小范围内（如选择部分代表性岗位人员）进行预测试，根据预测试反馈对问卷进行优化调整。然后通过线上问卷平台（如问卷星）向全市财政系统内的目标岗位在职人员发放问卷，同时在财政部门内部办公系统中设置问卷链接供直属上级及相关协作岗位人员填写。在问卷回收过程中，定期对回收进度与数据质量进行检查与跟踪。对于填写不完整或明显不符合逻辑的问卷，通过电话回访或邮件沟通的方式与填写人进行核实与补充。运用统计分析软件（如 SPSS 或 Excel 数据分析插件）对回收问卷数据进行整理与分析。通过频率分析了解各岗位信息的分布情况，运用相关性分析挖掘不同岗位要素之间的内在联系，提取共性信息与关键要点，从而构建出具有高度准确性与代表性的岗位工作画像与任职资格模型，为招聘工作提供精准的标准参照，同时也为岗位培训、绩效考核等人力资源管理工作提供有力依据。

（二）关键事件法：挖掘岗位关键能力的有效路径

在某市政府债务置换项目中，发生了一系列关键事件，充分展现了该岗位的关键能力要求。

在项目筹备初期的债务数据梳理阶段，成功的债务管理岗位人员展现出了超强的信息整合与分析能力。他们需要从多个数据源（如各融资平台公司的财务报表、银行贷款合同、债券发行文件等）收集海量的债务数据，这些数据格式各异、质量参差不齐。岗位人员运用专业的数据处理软件（如 SQL 数据库管理系统）和数据清洗技术，对数据进行提取、转换和加载（ETL）操作，去除重复数据、纠正错误数据并补充缺失数据，将分散的数据整合为完整、准确的债务数据库。在此基础上，运用财务分析模型（如债务成本计算模型、偿债能力分析模型等）对债务结构、成本、期限等进行深入分析，为后续的债务置换方案设计提供了坚实的数据基础。例如，通过分析发现部分高成本短期债务集中到期可能引发的流动性风险，为制定针对性的置换策略提供了关键依据。

在债务置换方案设计环节，相关人员凭借对财政政策、金融市场动态以及债务管理法规的深刻理解，结合本地政府的财政状况和偿债能力，设计出了创新且可行的债务置换方案。他们深入研究国家关于债务置换的政策导向（如鼓励降低债务成本、延长债务期限等），密切关注金融市场利率走势（如国债收益率曲线变化、银行贷款利率波动等），在合法合规的前提下，灵活运用债务重组工具（如发行新的长期债券置换短期高息债务、与金融机构协商调整贷款条款等）。例如，针对某几笔利率较高且即将到期的银行贷款，通过与多家银行进行艰苦的谈判，成功将其置换为利率较低、期限较长的债券融资，有效降低了政府债务成本，优化了债务期限结构，体现出了其在政策解读、市场分析与方案创新方面的卓越能力。

在债务置换方案实施过程中的沟通协调与风险控制阶段，优秀的债务管理岗位人员表现出了出色的沟通协调与风险管理能力。他们需要与众多利益相关者（如各融资平台公司、银行、债券承销商、信用评级机构等）进行密切沟通与协调。在与银行沟通时，需要协商贷款提前还款的手续、利息结算等细节问题，确保银行的配合与支持；在与债券承销商合作时，要共同制订债券发行计划、确定发行价格与利率区间，保障债券顺利发行；与信用评级机构沟通时，需要提供详细的债务信息与偿债计划，争取获得良好的信用评级，降低融资成本。同时，密切关注实施过程中的各种风险因素（如利率风险、流动性风险、信用风险等），建立风险预警机制与应急预案。例如，在债券发行期间，由于市场利率突然波动，可能导致债券发行成本上升或发行失败的风险。岗位人员及时启动应急预案，调整发行策略（如推迟发行时间、优化债券条款等），成功化解了风险，确保了债务置换项目的顺利推进。

在项目后期的绩效评估与总结阶段，成功的案例表明相关人员具备严谨的评估能力与持续学习能力。他们根据预先设定的绩效评估指标体系（如债务成本降低率、债务期限延长比例、偿债风险降低程度等），对债务置换项目的实施效果进行全面、客观的评估。收集整理项目实施前后的债务数据、财务指标以及相关市场信息，运用定量分析方法（如成本效益分析、对比分析等）和定性分析方法（如利益相关者满意度调查、专家评审等）进行综合评估。例如，经评估发现债务成本降低了 20%，债务期限平均延长了 3 年，有效缓解了政府短期偿债压力，提升了财政可持续性。同时，对项目实施过程中遇到的问题、解决方案以及经验教训进行总结反思，形成详细的项目总结报告。

通过学习借鉴其他地区类似项目的成功经验，不断完善本地政府债务管理策略与方法，为未来的债务管理工作提供有益参考。

通过对这些关键事件的详细剖析，可以清晰地识别出财政局债务管理岗位的核心能力要求，包括强大的信息整合与分析能力、深刻的政策解读与市场分析能力、出色的沟通协调与风险管理能力、严谨的绩效评估能力以及持续学习能力等。这些关键能力要求为岗位招聘、培训与绩效考核等人力资源管理工作提供了精准的方向与依据，有助于选拔和培养出更符合岗位需求的专业人才，提升财政债务管理工作的质量与效率。

三、招聘渠道抉择：多渠道的优劣对比与适配策略

（一）校园招聘：潜力人才的源泉与挑战并存

校园招聘为财政税收部门注入新鲜血液提供了重要契机，其优势显著且具有独特性。高校作为知识创新与人才培育的核心阵地，汇聚了大量经过系统专业教育的应届毕业生。这些毕业生在财政学、税收学、会计学、经济学等专业领域接受了全面的理论知识武装。例如，在财政学课程体系中，他们深入学习了公共财政的职能与作用机制、财政收支理论与政策工具等基础知识；在税收学专业学习中，对各类税种的税制要素、税收征管流程与国际税收规则有了系统的认识；在会计学学习进程中，掌握了财务会计的基本原理、财务报表编制与分析方法等技能。这种扎实的理论基础为其日后从事财政税收工作提供了坚实的知识储备，使其能够快速理解与适应部门的基本业务要求。

同时，应届毕业生往往具有较强的学习能力与创新思维活力。他们在校园环境中接触到前沿的学术研究成果、多元的思想文化与创新的教学理念，能够为财政税收部门带来新的理念与视角。在当今数字化与智能化快速发展的时代背景下，一些信息技术、数学等相关专业的毕业生能够将大数据分析、人工智能算法等新兴技术引入财政税收业务领域。例如，在税收征管工作中，利用大数据分析技术对海量的企业纳税数据进行挖掘与分析，精准识别税收风险疑点，提高征管效率与精准度；在财政预算预测工作中，运用机器学习算法对宏观经济数据与财政历史数据进行建模分析，提升预算预测的科学性与

准确性。

然而，校园招聘也并非毫无瑕疵，其面临的主要挑战在于应届毕业生实践经验的匮乏。以某财政税收部门通过校园招聘录用的一批经济学专业毕业生为例，在参与地方税收政策调研项目时，尽管他们在课堂上学习了宏观经济分析与税收政策理论，但在实际调研过程中，面对复杂的地方产业结构、企业经营模式多样性以及税收政策执行中的实际问题时，显得力不从心。在与企业财务人员沟通获取真实数据与信息时，由于缺乏沟通技巧与实际业务经验，难以深入了解企业的实际情况与需求，导致调研数据的准确性与完整性受到影响；在分析调研数据并提出政策建议时，因缺乏对税收征管实际操作与地方经济发展实际需求的深入理解，所提出的政策建议往往过于理论化，缺乏可操作性，需要资深工作人员花费大量时间进行指导与修正。这无疑增加了部门的培训成本与时间成本，在一定程度上影响了业务推进的效率与质量。

（二）社会招聘：经验与挑战的双重博弈

社会招聘在财政税收部门人员招聘中占据着不可或缺的地位，其核心优势在于能够吸引到具有丰富工作经验与实际操作技能的人才。在财政税收领域的中高级岗位上，这些经验丰富的应聘者能够迅速发挥其专业优势，为部门带来显著的价值增值。例如，资深税务稽查员岗位要求应聘者具有多年的税务稽查实战经验，他们熟悉各类企业的税务筹划模式、财务造假手段与潜在风险点。在稽查工作中，他们能够凭借丰富的经验迅速解读企业财务报表中的异常信息，精准定位税收风险疑点，如通过对企业收入与成本费用的配比分析、往来账款的明细核查以及发票流与资金流的追踪比对等，快速发现企业在增值税、企业所得税等税种上可能存在的偷逃税行为，并依据相关法律法规进行高效的稽查处理，确保国家税收收入的足额征收与税收秩序的稳定维护。

以某地区税务部门为例，在开展对大型企业集团的税务稽查专项工作时，通过社会招聘引进了一位具有十五年以上大型会计师事务所税务审计经验的专业人士。他在以往的工作中，参与了众多大型企业的税务审计项目，积累了深厚的行业经验。在此次稽查工作中，他针对企业集团复杂的组织结构与多元化的业务模式，制定了详细且具有针对性的稽查方案。通过对集团内部关联交易的深度剖析，发现了企业在利用关联企业之间的转让定价手段进行利润转移、逃避税收的重大问题，并成功收集了完整的稽查证据，最终查实了企业的税务违规行为，为国家挽回了巨额税收损失，同时也为税务部门提升了稽查工作的专业性与权威性，为后续类似企业的稽查工作提供了宝贵的经验借鉴。

然而，社会招聘也伴随着一系列不容忽视的挑战。首先，社会招聘人员往往带着原工作单位的组织文化烙印，在融入新的财政税收部门文化过程中可能面临诸多障碍，甚至可能引发文化冲突。例如，一些从商业企业财务部门跳槽到财政部门的人员，在原单位长期处于追求利润最大化、注重绩效考核与个人业绩的工作氛围中，而财政部门作为政府公共服务部门，更强调公共利益的保障、财政资金的安全监管与公共服务职能的履行。这种文化差异可能导致新员工在工作态度、价值取向以及团队协作方式等方面与部门整体氛围难以协调一致，影响团队合作的效率与凝聚力，甚至可能在一定程度上干扰部门的正常工作秩序与文化传承。

其次，招聘成本过高，政府部门社会招聘中，第三方机构合作项目的成本问题同样突出。为满足政策研究、信息化建设等高端岗位需求，政府常与专业咨询公司、技术企业合作定向推荐人才，或通过外包服务公司招募临时性专业人员。例如，在智慧城市建设项目里，政府与科技企业签订合作协议，企业凭借自身资源网络筛选推荐技术人才，政府需向企业支付项目合作费用，通常占项目总预算的 15%~25%，以补偿企业在人才搜寻、初步筛选过程中的人力、时间成本。同时，社会人才市场信息不对称的弊端也愈发明显。部分应聘人员在简历中夸大自身参与的政府项目经验，虚构政策研究成果；面试时对基层工作难点、政策落地实际问题等避重就轻。政府招聘人员需耗费大量精力与时间，不仅要走访原工作单位核实项目真实性，还要通过模拟政策制定场景、案例分析等方式，对应聘者的政策理解能力、实践操作水平进行深度考核。此外，还需借助行业协会、专家库等渠道，获取应聘者在专业领域内的口碑评价，确保招聘到真正适配政府工作的专业人才，这无疑增加了招聘的人力与时间成本。

（三）网络招聘平台：信息传播利器与筛选难题

网络招聘平台凭借其信息传播的广泛性、便捷性与高效性，在财政税收部门招聘工作中扮演着日益重要的角色。其显著特点是能够突破地域与时间的双重限制，使招聘信息在短时间内广泛传播，触达大量潜在求职者。无论是初级岗位还是中高级岗位，都可以借助网络招聘平台扩大招聘影响力，拓宽人才来源渠道。例如，一家市级财政部门在某知名网络招聘平台上发布了一则招聘财政预算管理岗位的信息，在发布后的 48 小时内，就收到了来自全国各地不同背景求职者的简历，其中既有具备多年预算管理经验的资深人士，也有刚毕业不久但对财政预算工作充满热情的应届毕业生，为部门提供了丰富多样的人才选择资源，极大地提高了招聘信息的曝光度与传播效率。

然而，网络招聘平台也存在一些较为突出的弊端。

其一，信息过载问题严重。由于网络招聘平台汇聚了海量的招聘信息，导致财政税收部门在招聘时会收到大量参差不齐的简历，其中不乏许多不符合岗位要求的简历。例如，在某财政部门招聘税收征管岗位时，收到的简历中近 60% 的求职者专业背景为市场营销、人力资源管理、旅游管理等与税收征管无关的专业，这使得招聘人员需要花费大量时间和精力进行简历筛选，犹如大海捞针，增加了招聘工作的负担与成本，降低了招聘工作的效率。

其二，信息真实性难以保障。部分求职者为了在激烈的求职竞争中获取面试机会，可能在网络简历中夸大自己的学历、工作经历、专业技能等信息。例如，在某财政部门的招聘过程中，有应聘者声称自己拥有注册税务师证书且具有五年以上税务筹划工作经验，但在后续的资格审查中，发现其证书系伪造，工作经历也存在虚假成分。这种信息虚假现象不仅干扰了招聘工作的正常秩序，浪费了招聘部门的时间与资源，还可能导致部门错过真正优秀的人才，降低招聘质量，使招聘决策面临较大的风险。

四、实战案例：某财政局人员招聘全流程解析

（一）招聘背景与目标

某地级市财政局近年来积极响应国家财政体制改革要求，大力推进本地财政工作的数字化转型与精细化管理。随着一系列重大项目的落地实施，如智慧城市建设中的财政资金统筹调配、新兴产业扶持计划中的税收优惠政策设计与执行等，现有的人员配置在专业技能和知识储备上难以满足日益复杂的业务需求。为了更好地应对这些挑战，确保财政预算编制的精准性、税收征管的高效性以及财政政策研究的前瞻性，该局决定启动此次大规模的人员招聘计划，目标是为核心业务岗位选拔一批具备深厚专业素养、丰富实践经验和创新思维能力的优秀人才，以强化部门在地区财政税收工作中的引领作用，推动地方经济健康稳定发展。

（二）岗位需求分析

1. 财政预算分析师岗位

工作分析问卷实施细节：设计的问卷包含多部分内容。在基本信息板块，除岗位名称、所属部门等常规内容外，还要求填写是否有参与大型财政预算项目的经历以及在项目中的角色。工作任务与职责部分，对于预算草案编制任务，详细询问了对不同行业部门（如制造业、服务业、公共事业等）预算需求的分析方法与权重分配依据；在预算调整审核方面，列举了常见的调整原因（如政策变动、项目变更、突发事件等），要求应聘者阐述如何针对不同原因进行数据收集与分析。工作权限界定中，明确了在预算草案编制时可自主调整的预算项目范围与金额限度，以及在预算执行监控中对异常情况的初步处理权限与向上级汇报的流程。工作关系梳理时，除了列举内部科室与外部单位，还要求说明与上级财政部门在预算数据报送与政策解读方面的沟通频率与方式。任职资格部分，针对专业知识，列举了具体的财政法规、会计准则条款以及宏观经济分析理论要求应聘者掌握的程度；对于工作经验，详细询问了参与过的预算项目规模、复杂程度以及取得的成果（如预算执行偏差率控制在多少以内）；技能要求方面，除办公软件和预算编制软件外，还涉及对数据可视化工具（如 Tableau）的掌握情况；职业素养方面，设置了职业道德案例分析题，考察应聘者在面对利益诱惑与工作压力时的应对原则。通过对财政局内部 20 名从事相关工作的人员以及 10 名相关业务科室负责人发放问卷，回收有效问卷 28 份，经过详细分析与整理，确定了岗位的主要工作任务与任职资格框架。

关键事件回顾与分析：回顾过去五年内的三次重大财政预算调整事件。在一次因突发公共卫生事件导致财政支出结构重大调整中，成功的预算分析师不仅迅速重新评估了各部门的应急资金需求，还通过与卫生、民政等部门的紧密协作，在一周内制定出了初步的预算调整方案。他们利用大数据分析技术，对医疗物资采购、社会救助资金发放等数据进行实时跟踪与分析，及时调整预算分配，确保了财政资金的高效使用。从这些事件中提炼出的关键能力包括在紧急情况下的快速数据处理与分析能力、跨部门沟通协作的高效组织能力、基于复杂情况的预算方案创新设计能力以及对政策变动的敏锐洞察力与快速响应能力。

2. 税收征管专员岗位

工作分析问卷核心要点：问卷中工作任务板块详细列举了各类税收征管业务的操作流程与标准。如在税务登记办理中，要求说明对不同类型企业（国有企业、民营企业、外资企业等）登记资料审核的重点与易错点；纳税申报审核部分，列举了常见的纳税申报错误类型（如收入申报不实、进项税额抵扣错误等），询问应聘者的审核方法与纠错流程；税款征收环节，涉及对不同税种（增值税、企业所得税、个人所得税等）征收方式的熟悉程度以及在处理企业欠税时的操作步骤。任职资格方面，对于专业知识，明确要求掌握各税种的最新税收政策法规条文数量与主要内容要点；工作经验部分，询问处理过的税收稽查案件数量、涉案金额范围以及案件的复杂程度（如涉及跨地区、多税种的复杂案件处理经验）；技能要求中，除税收征管系统操作外，还要求具备一定的财务审计技能（如对企业财务报表的初步审计能力）；职业素养方面，强调了在税收执法过程中的公正廉洁意识，设置了相关情景模拟题考察应聘者的应对方式。共发放问卷 30 份给在职税收征管人员与相关科室领导，回收有效问卷 26 份，为岗位需求确定提供了丰富数据。

关键事件法应用详情：以某大型企业集团的税收稽查案件为例，该企业涉及多个子公司在不同地区的业务运营，税收征管专员在接到稽查任务后，首先组建了跨地区的稽查团队，通过与各地税务部门的信息共享与协作，获取了企业在各地的纳税申报数据、发票开具与取得记录以及银行账户资金往来信息。在数据挖掘过程中，利用数据挖掘软件（如 SQL Server Analysis Services）对海量数据进行分析，发现了企业通过关联交易转移利润、虚增成本等重大税收风险点。在稽查过程中，面对企业的各种解释与阻挠，专员们依据扎实的税收法律法规知识，准确判断企业行为的违法性，并依法进行了处理。从中总结出岗位所需的关键能力，如大型企业集团税收稽查的组织协调能力、复杂数据环境下的深度数据挖掘与分析能力、对税收法律法规的精准理解与应用能力以及在执法过程中的坚定立场与抗压能力。

3. 财政政策研究员岗位

工作分析问卷设计亮点：在工作内容部分，对于政策跟踪环节，要求应聘者列举经常关注的国内外财政政策研究机构网站、学术期刊名称以及获取政策信息的频率与方式；在政策调研方面，详细询问了调研方法（如问卷调查、实地访谈、案例分析等）的运用熟练度以及在调研过程中如何确保数据的真实性与有效性；政策制定参与部分，要求阐述在以往工作中提出的具有创新性的政策建议内容以及对政策实施效果的评估方法。任职资格方面，对于学术背景，除了要求博士学位外，还询问了博士论文研究方向与财政政策研究的相关性以及在博士期间参与的国际学术交流活动情况；工作经验部分，要求详细描述参与的国家级财政政策研究课题的研究内容、承担的角色与取得的研究成果（如研究成果被政府部门采纳的情况）；技能要求中，除计量经济学分析方法与统计软件操作外，还要求具备政策文本撰写与解读能力（如对政策条文的法律意义与经济影响的分析能力）；职业素养方面，注重创新思维与团队协作精神，设置了团队创新项目案例分析题考察应聘者的表现。发放问卷15 份给财政政策研究领域的专家学者、上级财政部门政策研究人员以及本局相关领导，回收有效问卷 12 份，为岗位定位提供了精准依据。

关键事件案例剖析：在本地经济结构调整时期，财政政策研究员参与了一项旨在促进传统制造业向智能制造业转型的财政扶持政策制定工作。他们深入本地多个大型制造企业进行实地调研，与企业高层管理人员、技术研发人员以及一线工人进行广泛交流，收集了大量关于企业技术改造需求、资金短缺现状以及市场竞争压力等方面的信息。同时，对国内外智能制造产业发展的成功案例进行了详细分析，借鉴先进经验，结合本地实际情况，提出了包括财政补贴、税收优惠、政府引导基金等多维度的财政扶持政策方案。在政策实施过程中，持续跟踪评估政策效果，通过建立企业绩效评估指标体系（如企业技术创新投入增长率、智能制造设备购置率、劳动生产率提升幅度等），运用定量分析方法对政策的有效性进行评估，并根据评估结果及时调整政策内容。从这一关键事件中提炼出岗位的关键能力，如深入实地调研与问题精准诊断能力、国内外先进经验借鉴与政策创新融合能力、政策实施效果的量化评估与动态调整能力以及在团队合作中的领导与协调能力。

（三）招聘渠道选择

1. 财政预算分析师岗位

在财政预算分析师岗位的招聘渠道选择上，政府部门可优先挖掘内部人才资源。通过建立跨部门人才举荐机制，鼓励现有的财务、审计岗位人员积极参与内部竞聘实现转岗；同时启动"青年财政菁英计划"，重点选拔在基层财政所有 3 年以上工作经验的业务骨干。实践证明，这种内部选拔机制成效显著，如某省财政厅就通过内部人才池筛选，使得 80% 的预算分析师来自系统内转岗，充分盘活了现有人才储备。

高校定向合作培养也是重要的人才输送渠道。政府部门可与中央财经大学、上海财经大学等知名财经类高校深度合作，签订联合培养协议。设立"政府预算管理"硕士专项，定向培育具有 MPA 背景的复合型人才，从源头提升人才与岗位的适配度。此外，实施"雏鹰计划"，为在读研究生提供为期 1 年的国库司实习轮岗机会，提前搭建人才培养平台，让学生在实践中积累经验，毕业后能够迅速适应岗位要求。

在公开招聘方面，专业化招聘平台的运用必不可少。在全国事业单位招聘网、中国财经人才网等垂直平台发布专项招聘公告，同时在财政部官网"公务员招录"专栏开设预算分析师岗位绿色通道，提升招聘信息的权威性与关注度。借助"财政云"系统的技术优势，将招聘信息定向推送给全国 2800 个区县财政部门，进一步扩大信息传播范围，精准触达潜在人才。

行业协会合作推荐则为招聘注入专业力量。政府部门委托中国注册会计师协会（CICPA）、中国预算与会计研究会等权威机构发布人才需求，利用其广泛的行业影响力和专业资源，吸引优秀人才关注。邀请行业专家组成"预算评审委员会"，深度参与面试环节的专业能力评估，确保选拔标准的专业性和公正性。建立"预算管理专家库"，从入库专家中直接遴选高级分析师，为岗位补充高水平专业人才。

2. 税收征管专员岗位

社会招聘渠道拓展：在国内知名的税务专业论坛（如中国税务论坛）开设招聘专帖，每周更新帖子内容，介绍岗位优势（如稳定的工作环境、良好的职业晋升空间、丰富的业务学习机会等）与招聘进展情况。同时，在税务行业社交媒体群组（如微信税务交流群、QQ 税务专业群等）发布招聘信息，要求群成员帮忙转发扩散。此外，在当地税务师事务所、会计师事务所等专业服务机构张贴招聘海报，海报详细列出岗位要求、福利待遇以及应聘方式，并与事务所负责人建立联系，请求推荐合适的人才。

校园招聘针对性开展：选择本地两所财经类高校（A 大学财经学院、B 大学会计学院）开展校园招聘活动。提前与学校就业指导中心沟通，确定招聘宣讲会时间与场地。宣讲会现场，由财政局领导亲自介绍单位概况、发展前景以及税收征管专员岗位的职责与职业发展规划；安排在职优秀税收征管专员分享工作经验与成长感悟；设置现场答疑环节，解答学生关于岗位要求、考试内容、培训机制等方面的疑问。宣讲会后，在学校就业指导中心网站发布招聘信息与在线报名链接，接受学生简历投递，并在一周后组织校园专场笔试与面试。

3. 政策实验室项目制合作

设立"财政政策创新实验室"，以项目制形式吸引智库专家参与政府课题研究。实验室实行双导师制（政府官员 + 智库学者），项目周期 6~12 个月，期间参与人员保留原单位编制，结束后根据双方意愿决定是否正式录用。某直辖市财政局通过该机制，从中国财政科学研究院引入专家团队，完成《地方政府专项债券绩效管理办法》的起草工作，其中 3 名核心成员后续被正式录用为政策研究员。

（四）选拔过程

1. 笔试环节

（1）财政预算分析师笔试设计

专业知识考核总分 60 分，涵盖财政学、会计学、经济学三门学科，具体分值与题型分布如下：

财政学（20 分）：设置 15 道单项选择题（每题 1 分，共 15 分），聚焦财政预算体制、财政收支分类科目等核心知识点；搭配 1 道简答题（5 分），要求考生结合实际案例，阐释财政政策的具体应用与实施效果。

会计学（20 分）：包含 10 道单项选择题（每题 1 分，共 10 分），围绕财表编制与分析、会计核算原则在预算中的应用等内容展开；设置 2 道计算题（每题 5 分，共 10 分），通过模拟真实财务场景，考查考生对会计知识的实际运用能力。

经济学（20 分）：安排 10 道单项选择题（每题 1 分，共 10 分），考查宏观经济形势分析方法等基础理论；设置 1 道论述题（10 分），要求考生结合当下经济热点，深入探讨财政政策与货币政策的协同效应及其对经济发展的影响。

（2）税收征管专员笔试安排

税收学（45 分）：设置 25 道单项选择题（每题 1 分，共 25 分），重点考查各税种税率计算、税收优惠政策等基础内容；搭配 2 道简答题（每题 5 分，共 10 分），要求考生阐述税收政策原理与应用逻辑；设置 2 道案例分析题（每题 5 分，共 10 分），围绕企业增值税、企业所得税等税种，结合实际经营场景，考查应纳税额计算、优惠政策适用及税务处理能力。

法学（25 分）：安排 15 道单项选择题（每题 1 分，共 15 分），聚焦《税收征管法》《行政处罚法》等核心法律法规；设置 2 道简答题（每题 5 分，共 10 分），要求考生分析法律条款在税收实践中的具体应用，全面评估法律知识掌握程度与实践运用能力。

（3）财政政策研究员笔试规划

论述题要求考生对当前国际国内财政政策热点问题（如财政赤字货币化争议、数字经济税收政策挑战等）进行深入分析，阐述自己的观点与政策建议，并结合相关理论与实际案例进行论证。宏观经济分析方法部分 30 分，考查计量经济学中的回归分析、时间序列分析等方法在财政政策研究中的应用，给出一组宏观经济数据（如 GDP、通货膨胀率、失业率等），要求考生运用计量经济学软件（如 Stata）进行分析与建模，包括数据处理、模型选择与估计、结果解释等步骤，并撰写分析报告，根据分析方法的正确性、模型的合理性与报告的规范性进行评分。研究报告撰写能力部分 30 分，给定一个财政政策研究主题（如促进区域创新发展的财政政策研究），要求考生在 90 分钟内撰写一篇高质量的财政政策研究报告，包括问题提出（如区域创新发展面临的财政资金短缺、政策引导不足等问题）、文献综述（对国内外相关研究成果的总结与评价）、研究方法（如采用实地调研、案例分析、比较研究等方法的阐述）、结果分析（如对调研数据或案例分析结果的整理与分析）与政策建议（如针对问题提出的具体财政政策措施，如财政补贴、税收优惠、政府引导基金等），根据报告的结构完整性、内容创新性、逻辑严谨性以及文字表达准确性进行评分。根据笔试成绩，按照 1∶5 的比例筛选出进入面试环节的应聘者，在财政局官方网站公布笔试成绩与入围面试名单，并通过短信与邮件通知入围者参加面试。。

2. 面试环节

（1）结构化面试标准化问题设置

面试场地选择在财政局的会议室，环境布置简洁、安静、严肃。结构化面试针对各岗位的核心能力与职责要求设置标准化问题，每个问题均设定明确的评分标准，满分 100 分。财政预算分析师岗位，例如"请阐述您在以往预算编制工作中如何处理部门间预算分配的矛盾与冲突？"（20 分），评分标准为：能清晰阐述基于政策导向、项目优先级、绩效评估等多因素综合考量的分配方法，并结合实际案例说明操作过程（12~20 分）；仅提及部分因素或案例不具体（6~11 分）；缺乏合理方法或无法提供案例（0~5 分）。"在预算执行监控过程中，您采用了哪些方法确保数据的准确性与及时性？"（20 分），评分依据：详细说明多种数据审核、比对及实时监控技术与工具的应用，并阐述如何应对数据异常情况（12~20 分）；提及少数方法且未深入阐述异常处理（6~11 分）；方法单一或表述模糊（0~5 分）。

税收征管专员岗位，"请描述您在处理一起复杂税收稽查案件中的工作流程与关键技巧"（25 分），评分标准：完整准确描述从选案到结案各环节流程，突出关键线索挖掘、证据固定及突破当事人心理防线等技巧，结合案例细节（15~25 分）；流程或技巧有缺失，案例描述简略（8~14 分）；流程混乱，技巧不明确，无案例支撑（0~7 分）。"在面对纳税人对税收政策的误解与抵触时，您如何进行沟通与解释？"（15 分），依据为：能运用通俗易懂语言结合政策法规耐心解释，说明化解抵触情绪有效策略（9~15 分）；解释基本正确但缺乏沟通技巧（5~8 分）；解释不清或无法应对抵触（0~4 分）。

财政政策研究员岗位，"请介绍您近期关注的财政政策前沿研究领域与主要研究成果"（20分），评分细则：准确阐述前沿领域核心观点与自己研究成果的创新性、实用性，展示深入研究及对政策潜在影响分析（12~20分）；能提及领域但成果不突出或分析浅显（6~11分）；对前沿领域了解甚少或表述错误（0~5分）。"在参与财政政策制定过程中，您如何将理论研究与实际需求相结合？"（20分），标准为：详细说明通过调研、数据分析等将理论转化为可操作政策建议过程，有实例（12~20分）；有结合意识但方法不具体或无实例（6~11分）；缺乏结合思路或表述空洞（0~5分）。面试官由财政局领导、相关业务科室负责人、外部专家（如高校财政学教授、资深行业分析师）组成，共7人，在面试前进行统一培训，熟悉评分标准与流程。每位应聘者面试时间为30分钟，其中回答问题时间为20分钟，剩余10分钟供面试官提问与交流。面试过程全程录像，以备后续查阅与分析。

（2）半结构化面试个性化追问实施

半结构化面试环节，面试官根据应聘者在结构化面试中的回答及表现，进一步追问个性化问题。针对财政预算分析师岗位，若应聘者在结构化面试中提及采用绩效评估结果进行预算分配，面试官可追问"您在构建绩效评估体系时，如何确定指标权重？遇到过哪些数据收集或指标量化的困难？如何解决？"等问题。若回答在预算调整中利用数据分析模型辅助决策，追问"您常用的数据分析模型有哪些？如何验证模型的有效性与可靠性？在实际应用中模型出现偏差时如何调整？"对于税收征管专员岗位，若谈到稽查中与其他地区税务部门协作，追问"在跨地区协作中，如何解决信息共享的安全与保密问题？遇到地方保护主义干扰如何应对？"若提及处理纳税人投诉，追问"在处理投诉时，如何判断纳税人诉求的合理性？对于不合理诉求如何在遵循法规前提下妥善处理以避免矛盾升级？"针对财政政策研究员岗位，若提到关注国际财政政策经验借鉴，追问"您认为在借鉴国际经验时，如何考虑我国国情与地区差异？有哪些具体的筛选与调整机制？"若阐述参与政策调研过程，追问"在调研中，如何确保样本的代表性与数据的真实性？对于调研中发现的新问题，如何及时调整调研方向与方法？"通过这种方式，深入挖掘应聘者潜在能力与特质，更全面地考察其专业深度、应变能力与综合素质。面试结束后，面试官在30分钟内独立完成评分表填写，由工作人员收集汇总。根据结构化面试与半结构化面试的综合得分，按照 1 ∶ 3 的比例确定进入心理测试环节的应聘者，并在 5 个工作日内通过电话与邮件通知本人及公布在财政局官方网站。

3. 心理测试环节

（1）职业兴趣测试应用

采用霍兰德职业兴趣测评，通过线上测试平台进行。在测试前，向应聘者发送详细的测试指南，说明测试目的、流程与注意事项。测试题量为 120 道，涵盖兴趣爱好、工作偏好、职业理想等多方面内容。例如，其中有关于"您更喜欢处理数字数据还是与人沟通协调事务？""您对探索新的财政政策理论更感兴趣还是愿意执行已有的政策流程？"等问题。测试结果将应聘者的职业兴趣分为六种类型：现实型、研究型、艺术型、社会型、企业型、常规型，并对应聘者在财政预算分析师、税收征管专员、财政政策研究员岗位上的匹配度进行分析。对于财政预算分析师岗位，研究型与常规型兴趣倾向较高者更为匹配，研究型兴趣有助于深入分析财政数据与政策，常规型兴趣利于遵循预算编制与管理的规范流程。若应聘者在研究型维度得分超过 30 分，常规型维度得分超过 25 分，且其他维度无明显冲突，则视为职业兴趣与岗位匹配度较高。

（2）心理调适能力测试设计与实施

心理调适能力测试采用情景模拟测试结合大五人格测试的方式。情景模拟测试为各岗位设置特定的工作压力场景，通过专门开发的线上模拟测试软件进行。为财政预算分析师模拟在预算编制期间面临数据频繁变动、部门紧急调整预算需求以及时间紧迫等多重压力的情境，例如，模拟软件中设置在预算草案提交前夕，多个部门同时提交预算变更申请，数据来源复杂且部分数据相互矛盾，要求应聘者在规定时间内完成数据整理、分析并提出合理的预算调整方案，同时观察应聘者的情绪管理、任务处理策略与问题解决能力，如是否能保持冷静、迅速确定数据优先级、有效协调部门间矛盾等，并由系统根据预设的行为指标进行评分。为税收征管专员设置在处理纳税人集体投诉与税务稽查受阻的压力场景，如模拟一群纳税人因对税收政策误解而到办税大厅集体投诉，情绪激动且提出不合理要求，同时在税务稽查中遇到企业设置重重障碍，包括销毁部分账目、干扰证人等情况，考察其应对复杂人际关系与执法压力的能力，如沟通技巧、执法原则性与灵活性的平衡、在压力下能否坚持依法稽查等，系统根据应聘者在模拟场景中的应对行为进行评分。为财政政策研究员构建在政策研究成果遭受多方质疑且面临紧迫修改需求的压力环境，例如，模拟政策研究报告在内部研讨会上被多数专家批评，要求在短时间内重新评估研究方法、补充数据并修改报告，测试其在学术压力与政策导向压力下的心理调适与应对能力，如能否客观对待批评、快速调整研究思路、有效整合资源进行修改等，系统依据预设的行为与成果标准进行评分。

　　大五人格测试则从外向性、神经质、开放性、宜人性和尽责性五个维度对应聘者的人格特质进行量化评估。采用国际通用的大五人格测评量表，共60道题，每道题采用5点李克特量表（从"非常不同意"到"非常同意"）进行作答。例如，"我喜欢成为社交活动的焦点"（外向性），"我容易感到焦虑和紧张"（神经质），"我对新的财政理念和政策充满好奇并愿意尝试理解"（开放性），"我总是愿意帮助同事解决工作中的问题"（宜人性），"我在工作中总是严格要求自己，尽力做到最好"（尽责性）。根据测试结果，将应聘者在每个维度的得分与岗位所需心理特质模型进行比对分析。对于财政政策研究员岗位，较高的开放性（得分在70分以上）有助于其吸收前沿理论与创新政策思路，尽责性（得分在80分以上）则确保其在研究工作中的严谨性与专注度。将心理测试结果形成详细的心理适配性报告，报告中包括职业兴趣与岗位匹配度分析、情景模拟测试中的行为表现评价以及大五人格测试各维度得分与岗位要求的对比分析等内容，为最终的招聘决策提供重要参考依据，该报告提交给招聘领导小组进行综合评估与讨论。

（五）招聘结果

　　经过上述严谨且精细化的招聘流程，最终成功招聘到一批高素质、高匹配度的专业人才。其中，财政预算分析师岗位招聘到3名具有丰富预算编制与分析经验的专业人员，他们在入职后迅速融入团队，运用先进的预算管理理念与数据分析方法，对该市年度财政预算编制工作进行优化，提高了预算草案的科学性与合理性，在预算执行监控过程中及时发现并解决问题，有效提升了财政预算管理的精细化水平。例如，在新一年度预算编制中，他们通过引入大数据分析技术，对全市各行业发展趋势、企业经营效益等数据进行深度挖掘，使预算收入预测准确率提高了15%；在预算执行监控方面，建立了实时预警系统，对预算支出偏差的预警时间从原来的平均滞后 1 个月缩短至 1 周，及时纠正了多项不合理支出，避免了潜在的财政风险。

税收征管专员岗位录用了 5 名业务能力强、执法经验丰富的人员，他们在税收征管一线工作中，加强对企业纳税申报的审核力度，通过精准的风险评估与高效的稽查行动，查处多起税收违法案件，增加了税收收入，规范了税收征管秩序，提升了纳税人的税法遵从度。如在某季度专项稽查行动中，他们通过新的风险评估模型，筛选出 20 家高风险企业进行重点稽查，最终查实 12 家企业存在税收违法行为，查补税款及罚款共计 8000 余万元，同时通过加强宣传与辅导，使该地区纳税人的税法遵从度在半年内提升了 10 个百分点。

财政政策研究员岗位引入了 2 名具有深厚学术造诣与丰富政策研究经验的博士及专家人才，他们积极参与地方财政政策的创新研究与制定工作，撰写的多篇高质量政策研究报告为领导决策提供了有力支撑，在推动该市财政政策与经济发展战略紧密结合、促进产业结构优化升级等方面发挥了重要作用。例如，他们针对当地新兴产业发展面临的资金瓶颈问题，深入研究国内外先进经验，提出了设立专项产业引导基金的政策建议，并参与基金方案设计与运营管理机制制定，在一年时间内，成功引导社会资本投入新兴产业达 5 亿元，促进了当地人工智能、生物医药等新兴产业的快速发展。

此次招聘活动的成功实施，充分展示了精细化人员招聘与配置流程在财政税收部门人才选拔中的有效性与重要性，为部门的持续发展与职能履行注入了强大的人才动力，也为其他财政税收部门或类似机构的人员招聘工作提供了有益的借鉴与参考范例。

第二节　员工培训与发展的精细化策略

一、培训需求分析的方法与模型

（一）基于绩效差距分析的需求确定

绩效差距分析是培训需求分析的重要方法之一，通过对比员工实际工作绩效与岗位绩效标准，找出差距并确定培训需求。以财政部门预算编制岗位为例，首先明确该岗位的绩效标准，如预算草案编制的准确性（误差率控制在一定范围内）、预算项目分类的合理性（符合国家预算分类标准且便于管理与监控）、预算编制的及时性（在规定时间内完成并提交审核）等。

在某年度预算编制工作完成后，对员工的工作绩效进行评估。发现部分员工在预算项目分类方面存在问题，将一些应属于基本建设支出的项目错误归类到行政事业性支出项目中，导致预算执行监控与分析时数据混乱，影响了财政资源的合理分配与使用效率。经深入分析，发现这些员工对最新的国家预算分类标准理解不够深入，缺乏对不同类型项目特征的准确把握。这一绩效差距表明，需要针对这些员工开展关于国家预算分类标准解读与项目分类实践操作的培训课程，以提升其预算编制的准确性与合理性。

（二）员工发展意愿调查

除了绩效差距分析，员工发展意愿调查也是挖掘培训需求的重要途径。通过设计科学合理的调查问卷或开展员工访谈，了解员工对自身职业发展的规划与期望，以及他们在知识、技能与综合素质提升方面的需求。例如，对某财政局不同岗位序列的员工进行发展意愿调查，在调查问卷中设置问题如"您在未来三年内的职业发展目标是什么（如晋升到管理岗位、成为业务专家等）？""为了实现您的职业目标，您认为自己需要在哪些方面进行提升（如专业知识领域、沟通协作能力、领导力等）？""您希望参加哪些类型的培训课程（如内部培训讲座、外部专业研讨会、在线学习课程等）？"等。

调查结果显示，年轻的财政数据分析员大多希望在数据分析技术方面进一步提升，如学习大数据分析工具（如 Python 在财政数据处理中的应用）、掌握数据挖掘与可视化技术，以提升数据处理效率与分析深度，为财政决策提供更有力的数据支持；而一些资深的财政政策研究员则更倾向于参加国内外高端学术研讨会与政策研究交流活动，拓宽国际视野，了解全球财政政策最新动态与前沿研究方法，以便在本地财政政策创新研究中发挥引领作用。综合绩效差距分析与员工发展意愿调查结果，能够全面、精准地确定员工的培训需求，为个性化培训课程设计奠定坚实基础。

二、培训课程设计：构建多层次、多维度课程体系

（一）财政税收专业知识课程

1. 基础理论课程

针对新入职员工或对财政税收专业基础知识掌握尚不扎实的员工，设计一系列基础理论课程。例如，开设财政学原理课程，深入讲解公共财政的职能与作用机制，包括资源配置职能（如通过财政支出结构调整引导资源流向重点产业与公共服务领域）、收入分配职能（如运用税收与社会保障政策调节居民收入差距）、经济稳定与发展职能（如在经济衰退期实施扩张性财政政策刺激经济增长）等核心理论知识；税收学基础课程则系统阐述税收的基本概念、税制要素（如纳税人、课税对象、税率、纳税环节等）、税收分类（如流转税、所得税、财产税等）以及税收原则（如公平原则、效率原则、财政原则等），使员工对税收制度的基本框架与运行原理有清晰的认识。

2. 政策法规课程

随着财政税收政策法规的频繁更新，及时为员工提供政策法规培训至关重要。例如，在增值税政策法规课程中，详细解读增值税改革历程、现行税率结构（如一般纳税人的不同税率适用范围、小规模纳税人的征收率）、进项税额抵扣规则（包括可抵扣与不可抵扣项目的具体规定）、税收优惠政策（如对小微企业、高新技术企业的增值税减免政策）以及出口退税政策等内容，并结合实际案例分析政策执行中的要点与难点，帮助员工准确理解与应用增值税政策。同样，企业所得税政策法规课程涵盖企业所得税的计算方法（如应纳税所得额的确定、税率适用）、税收优惠政策体系（如研发费用加计扣除、固定资产加速折旧等优惠政策的适用条件与计算方法）、纳税申报与汇算清缴流程等，确保员工在企业所得税征管与服务工作中严格依法依规操作。

3. 专业进阶课程

对于具有一定工作经验、希望在专业领域深入发展的员工，设计专业进阶课程。如在财政预算管理进阶课程中，深入探讨预算编制的先进方法与模型，如零基预算方法（如何打破传统基数法的束缚，从零基础出发科学合理

地安排财政支出项目）、滚动预算技术（如何在年度预算基础上，结合中长期规划进行动态预算编制与调整）以及绩效预算理念与实践（如何将预算与绩效目标紧密结合，建立绩效评价指标体系并应用于预算分配与监控）等；税收筹划与风险管理课程则聚焦于企业税收筹划的策略与方法（如通过合理的组织架构设计、业务流程优化实现税收负担的合法减轻）以及税收风险管理的理论与实践（如运用风险评估模型识别企业税收风险点、制定风险应对策略与预案），提升员工在税收征管与企业服务中的专业水平与业务能力。

（二）业务技能提升课程

1. 数据分析与处理技能课程

在当今大数据时代，财政税收业务对数据分析与处理能力提出了更高要求。该课程旨在培养员工熟练掌握数据分析工具与技术，如 Excel 高级数据处理技巧（包括数据透视表、函数公式用于财政数据汇总与分析）、SQL 数据库语言在财政税收数据管理中的应用（如数据查询、数据更新、数据关联分析等操作）以及 Python 数据分析库（如 Pandas、NumPy 用于数据清洗、整理与分析，Matplotlib、Seaborn 用于数据可视化）的使用。通过实际案例教学与项目实践，让员工能够运用这些工具对海量的财政税收数据进行挖掘与分析，如从税收征管数据中发现税收收入变动趋势、企业纳税行为特征以及潜在的税收风险点，为财政决策与税收征管提供数据驱动的支持与依据。

2. 沟通协作与服务技能课程

财政税收工作涉及多部门协作与纳税人服务，良好的沟通协作与服务技能不可或缺。课程内容包括有效沟通技巧训练，如在与纳税人沟通时，如何运用积极倾听、清晰表达、换位思考等技巧解答纳税人的疑问、处理纳税争议，提高纳税人满意度与税法遵从度；团队协作能力培养，通过团队建设活动、项目小组合作等方式，让员工学会在财政预算编制、税收征管信息化建设等项目中与不同部门、不同岗位的人员协同工作，明确各自角色与职责，提高团队工作效率；客户服务理念与技巧提升，使员工树立以纳税人为中心的服务意识，掌握服务流程与规范，如在税务服务大厅工作中，如何优化办税流程、提高服务效率、提供个性化的纳税服务，提升财政税收部门的整体形象与公信力。

3.公文写作与表达技能课程

财政税收工作中，公文写作与表达能力是员工必备的基本技能之一。该课程涵盖公文写作基础知识，如公文的种类与格式（包括请示、报告、通知、函等公文的规范格式与写作要求）、公文语言特点与运用（准确、简洁、规范的语言表达）；公文写作实战训练，通过模拟财政税收工作中的实际公文写作任务，如撰写财政预算报告、税收征管工作总结、政策解读文件等，让员工在实践中掌握公文写作技巧，提高公文写作质量与效率；同时，还包括口头表达能力训练，如在会议汇报、政策宣传讲解等场合，如何清晰、有条理地表达观点与信息，增强表达的说服力与感染力，确保财政税收政策与工作成果能够准确传达与有效沟通。

（三）综合素质提升课程

1.领导力与管理能力课程

针对有管理职责或有志于晋升管理岗位的员工，开设领导力与管理能力课程。课程内容包括领导力理论与实践，如领导特质理论（探讨领导者应具备的个性特征、价值观与品德素养）、领导行为理论（分析不同领导行为风格对团队绩效的影响）以及变革型领导与交易型领导模式在财政税收部门管理中的应用；管理职能与技巧训练，涵盖计划职能（如制订部门工作计划、项目计划与预算计划）、组织职能（如构建合理的部门组织结构、岗位设置与人员调配）、领导职能（如激励员工、团队建设与冲突管理）以及控制职能（如建立绩效监控体系、预算执行控制与风险管理）等方面的知识与技能；战略管理思维培养，使员工站在部门整体战略高度，理解财政税收政策与业务发展战略的制定与实施过程，学会分析外部环境变化（如经济形势、政策法规变动、技术创新等）对部门战略的影响，并能够在战略框架下开展管理工作，提升部门的战略执行力与竞争力。

2.职业素养与职业道德课程

在财政税收工作中，员工的职业素养与职业道德直接关系到部门形象与公信力。该课程深入讲解职业素养的内涵与构成，包括职业态度（如敬业精神、责任心、工作积极性）、职业行为规范（如遵守工作纪律、保守工作秘密、遵循职业礼仪）以及职业技能提升路径；职业道德教育则重点强调财政税收工作中的道德准则与规范，如公正廉洁（在税收征管、财政资金分配等工作中保持公正无私、廉洁奉公的操守）、诚实守信（如实记录财政税收数据、依法依规开展业务工作、信守对纳税人的承诺）、保守秘密（严格保护纳税人信息、财政预算草案等敏感信息不泄露）等职业道德要求，并通过案例分析、职业道德楷模事迹分享等方式，引导员工树立正确的职业道德观，增强自律意识与职业操守。

3. 创新思维与问题解决能力课程

为适应不断变化的财政税收工作环境与业务挑战，培养员工的创新思维与问题解决能力至关重要。课程内容包括创新思维方法训练，如头脑风暴法（激发团队成员的创意与灵感，产生大量创新性想法与解决方案）、六项思考帽法（从不同思维角度全面分析问题，避免思维局限）以及 TRIZ 发明问题解决理论（运用创新原理与方法解决财政税收工作中的复杂问题）等；问题解决流程与技巧掌握，通过系统的问题解决模型（如界定问题、分析问题、提出解决方案、评估与选择方案、实施与验证方案），结合财政税收工作中的实际案例，如在税收征管创新实践中，如何解决新兴业态税收征管难题、在财政预算绩效管理中如何优化评价指标体系与方法等，让员工学会运用科学的方法与技巧解决工作中的实际问题，提升工作效率与质量，推动财政税收工作的创新发展。

在课程设计过程中，根据不同岗位序列的特点与需求，设置不同的课程侧重点。例如，对于财政预算岗位序列，在专业知识课程中重点强化财政预算管理相关课程，包括预算编制、执行与监控等方面的知识与技能；在业务技能提升课程中注重数据分析与公文写作能力培养，以满足预算数据处理与报告撰写的需求；在综合素质提升课程中加强战略管理思维与职业素养提升，使其能够从宏观战略高度把握预算工作方向并保持良好的职业操守。而对于税收征管岗位序列，专业知识课程侧重于税收政策法规与税收筹划风险管理；业务技能提升课程突出沟通协作与服务技能以及数据分析技能在税收征管中的应用（如利用数据分析识别税收风险）；综合素质提升课程则关注领导力与职业道德教育，为其在税收征管一线工作以及未来晋升管理岗位奠定基础。

第三节 绩效激励机制的精细化设计

一、绩效评估方法的操作流程与要点

（一）360度评估

1.评估主体与内容

360度评估通过多维度的评估主体全面、客观地评价员工的工作绩效，其评估主体涵盖上级领导、同事、下属（若适用）以及服务对象（如纳税人），每个主体从不同的视角出发，对员工的工作表现进行综合评价，从而形成一个全方位的绩效画像。

上级领导在评估过程中，主要依据员工的岗位职责与部门目标，对其工作任务的完成情况进行全面审查。例如，在税收征管工作中，上级领导会重点关注征管人员是否按时完成税收征收任务，是否严格遵循税收征管法律法规进行执法操作，在处理复杂税收案件时是否具备敏锐的洞察力与果断的决策能力，以及在跨部门协作开展大型税收征管项目时是否能够有效地组织协调各方资源，确保项目的顺利推进。上级领导的评价往往基于对员工工作的整体规划、指导与监督过程中所积累的深入了解，其评价结果在一定程度上反映了员工对部门战略目标的贡献程度以及在组织架构中的工作价值。

同事之间的互评侧重于团队合作精神、沟通能力与工作态度等方面。在财政预算编制工作场景下，不同科室的同事在预算数据收集、整理、分析以及方案讨论等环节需要密切协作。例如，收入科室的同事需要与支出科室的同事共享经济形势分析数据、税收收入预测数据等信息，以便支出科室能够更加合理地规划财政支出项目。在这个过程中，同事之间能够直观地感受到彼此的沟通是否顺畅、是否积极主动地承担工作任务、是否善于倾听他人意见并能够有效地表达自己的观点，以及在团队面临压力与挑战时是否具备团队合作精神，能够与团队成员共同努力克服困难。同事互评的结果能够提供员工在团队内部人际关系与协作能力方面的重要信息，有助于发现团队协作中的优势与不足，促进团队整体效能的提升。

下属对上级的评价（若存在下属关系）则主要聚焦于领导的管理风格、资源分配公平性与领导能力等维度。在基层税务分局中，基层税务工作人员对分局局长的领导能力有着直接的感受与体验。例如，分局局长在人员调配方面是否能够根据员工的专业特长、工作经验与业务需求进行合理安排，确保每个岗位都能配备合适的人才；在培训资源分配上是否公平公正，是否能够为员工提供平等的学习与发展机会；在领导团队开展税收征管工作时，是否能够制定清晰的工作目标与策略，有效地激励员工积极工作，及时解决员工在工作中遇到的问题与困难，以及是否具备良好的沟通能力与榜样示范作用，赢得员工的信任与尊重。下属的评价能够为上级领导提供关于自身管理行为的反馈信息，有助于领导及时调整管理策略，提升领导效能与团队凝聚力。

服务对象（如纳税人）则从自身的服务体验出发，对工作人员的服务质量、服务态度与业务水平进行评价。在办税服务大厅，纳税人与工作人员有着频繁的互动交流。例如，纳税人在办理纳税申报业务时，会关注工作人员是否热情接待、是否耐心解答疑问、是否能够熟练操作税务系统快速办理业务；在发票领购业务中，纳税人会评价工作人员是否严格遵循发票管理规定进行操作，是否能够及时准确地提供发票相关信息与服务。纳税人的评价结果直接反映了财政税收部门在外部服务形象与服务质量方面的表现，对于提升部门的公信力与纳税人满意度具有重要意义。

2. 评估流程

360度评估通常遵循特定的流程框架，以确保评估过程的规范有序与结果的可靠性。

首先，确定评估周期是评估流程的起始点。一般而言，财政税收部门可根据自身的业务特点与管理需求，选择年度或半年度作为评估周期。例如，某省税务局考虑到税收征管工作的季节性波动以及年度税收任务的考核要求，确定采用年度评估周期。在每个评估周期开始前，评估管理部门需要精心设计并准备详细的评估问卷或评价表格，明确各个评估指标的评价标准与详细的指标说明。以对税务人员的服务态度评价为例，评价标准可设定为从"非常满意"到"非常不满意"五个等级，并针对每个等级提供具体的行为描述示例，如"非常满意"表示工作人员始终保持热情友好、积极主动，能够迅速且准确地回应纳税人的各种需求，且在服务过程中展现出极高的耐心和专业素养；"满意"表示工作人员态度较为亲和，能够及时解答纳税人的常见问题，服务过程较为顺畅；"一般"表示工作人员表现中规中矩，没有明显的服务瑕疵，但也缺乏突出的热情和主动性；"不满意"表示工作人员存在态度冷淡、回应迟缓或对纳税人问题解答不清晰等情况；"非常不满意"表示工作人员存在服务态度恶劣、与纳税人发生冲突或严重失职等行为。这样细致的评价标准有助于评估主体做出更为客观、准确的评价。

评估主体根据被评估者的日常表现进行独立评价，完成后将评估结果提交至专门的评估管理部门或通过专门的评估软件系统进行汇总。在数据收集过程中，要确保数据的完整性和真实性。例如，在某税务局的 360 度评估中，通过线上评估系统收集数据，系统设置了必填项和逻辑校验功能，防止评估主体漏填或随意填写数据。对于纸质问卷，在回收后进行仔细的审核和整理，剔除无效问卷，如填写不完整、存在明显逻辑错误或恶意填写的问卷。

评估管理部门对收集到的数据进行整理与分析，去除异常值（如明显偏离其他评价结果且无合理依据的评价）后，计算综合得分。异常值的判定可采用统计学方法，如设定三倍标准差范围外的数据为异常值。在计算综合得分时，可根据不同评估主体的权重进行加权平均。例如，上级领导评价占比 40%，同事评价占比 30%，下属评价占比 10%（若有下属），服务对象（如纳税人）评价占比 20%。通过这样的加权计算，能够综合反映不同主体对员工绩效的评价结果，避免单一主体评价的片面性。

最后，将评估结果反馈给被评估者，被评估者有权对评估结果提出异议或申诉，评估管理部门进行复核与处理。例如，若某税务人员对纳税人给予的过低评价提出申诉，评估管理部门可进一步调查核实，查看是否存在误解或特殊情况。如通过调取办税大厅的监控录像，查看当时的服务场景；与相关纳税人进行沟通，了解其评价的具体原因；向其他在场工作人员询问情况等。根据复核结果对评估得分进行调整或维持原评估结果，并将最终结果正式记录在员工的绩效档案中，作为绩效激励、晋升、培训等人力资源管理决策的重要依据。

（二）目标管理法

1. 目标设定

目标管理法以明确、具体且可衡量的目标为导向，驱动员工的工作行为与部门整体战略紧密结合。在财政税收部门中，目标设定需遵循科学严谨的流程，充分考虑部门的职能定位、战略规划以及员工的岗位职责与能力范围。

例如，在财政政策研究岗位，设定年度目标为完成两篇高质量的财政政策研究报告，其中一篇需在国家级财经期刊发表，另一篇为内部决策参考报告，并在报告中提出至少三项具有创新性与可操作性的政策建议。在设定这一目标时，首先要基于部门对财政政策研究的战略需求，如为了应对当前经济结构调整、财政收支压力以及政策创新驱动等挑战，需要深入研究相关政策问题并提供前瞻性的解决方案。同时，考虑到岗位员工的专业能力与研究资源，确保目标具有可实现性。为了明确目标的具体要求，进一步细化对报告质量的评估标准，如报告的理论深度、数据支撑的充分性、政策建议的合理性与可行性等；对于在国家级财经期刊发表的要求，明确规定期刊的级别与影响力范围；对内部决策参考报告，确定其受众群体与报告格式、内容深度的要求等。

对于税收征管岗位，目标可以是将年度税收流失率控制在 3% 以内，且稽查案件结案率达到 90%。在确定税收流失率目标时，需要综合分析地区经济发展状况、产业结构特点、税收征管历史数据以及当前税收征管的技术手段和人力资源配置等因素。例如，通过对历年税收流失数据的分析，结合当前加强税收征管信息化建设、开展税收专项稽查行动以及与其他部门建立信息共享机制等措施的实施效果预测，确定在 3% 以内的税收流失率控制目标。对于稽查案件结案率目标，要考虑到稽查人员的数量、专业素质、案件复杂程度以及法律程序的要求等。明确结案的标准，即完成所有稽查程序，包括立案、调查取证、案件审理、作出处理决定并执行到位等环节，确保目标的可衡量性与可操作性。目标设定过程中，要遵循 SMART 原则，即目标要具体（Specific）、可衡量（Measurable）、可实现（Attainable）、相关（Relevant）、有时限（Time-bound）。

2. 执行与监控

在目标执行阶段，员工按照既定目标制订详细的工作计划，并定期向上级领导汇报工作进展。上级领导对员工的工作进行监控与指导，确保目标的方向正确且工作按计划推进。

例如，在财政预算执行过程中，每月组织预算执行情况分析会议，各科室汇报预算支出进度、项目开展情况以及遇到的问题。收入科室汇报税收收入入库情况、非税收入收缴情况以及与预算收入目标的差距，并分析影响收入的因素，如经济形势变化、税收政策调整、重点企业经营状况等；支出科室详细说明各项支出项目的执行情况，包括项目是否按计划启动、资金是否按进度拨付、项目实施过程中是否存在变更或延误等情况，并提供相关的数据支撑和原因分析。领导根据汇报情况进行协调与决策，如对支出进度过快的项目进行原因分析，可能是项目前期规划不合理、预算编制不准确或存在突击花钱的情况，必要时调整预算分配方案；对支出进度缓慢的项目督促加快推进速度，通过协调相关部门解决项目实施过程中的问题，如审批流程繁琐、物资采购困难等，确保预算执行的均衡性和有效性。

在税收征管工作中，稽查人员在执行稽查案件时，按照既定的稽查计划和程序开展工作。每周向上级领导汇报案件稽查进展情况，包括已完成的调查取证工作、发现的问题线索、遇到的困难和阻力，如纳税人不配合、证据获取困难等。上级领导根据汇报情况，及时给予指导和支持，如协调其他部门提供协助、组织专家进行业务指导或调整稽查策略等，确保稽查案件能够按照预定的结案率目标顺利推进，同时保证稽查工作的质量和合法性。

3. 评估与反馈

在目标管理周期结束后，根据预先设定的目标对员工的工作绩效进行评估。评估结果直接与绩效奖励挂钩，同时对目标完成过程中的经验教训进行总结与反馈。

例如，某财政政策研究员完成了两篇符合要求的研究报告且政策建议得到部分采纳，根据目标管理法评估为优秀绩效。在评估过程中，首先对照目标设定的各项标准进行逐一检查，如报告的质量是否达到要求，包括理论框架的完整性、数据的准确性和时效性、政策建议的创新性和可操作性等；是否在规定的时间内完成报告撰写并成功在国家级财经期刊发表一篇报告；内部决策参考报告是否得到相关领导和部门的认可并在实际决策中发挥了一定的作用等。根据评估结果确定绩效等级为优秀后，在获得相应绩效奖励的同时，其成功经验在部门内部进行分享，如组织专题研讨会，由该研究员介绍研究思路、方法和撰写技巧，为其他员工提供参考与借鉴。对于目标完成过程中发现的研究方法不足、数据收集困难等问题，共同探讨解决方案，以便在后续工作中改进，如加强与外部研究机构的合作，拓宽数据获取渠道；组织内部培训课程，提升员工的研究方法和数据分析能力等，从而不断提高财政政策研究工作的整体水平。

二、激励措施选择的组合应用策略

（一）物质激励

1.奖金制度

奖金是物质激励的重要形式之一，其设计与发放紧密围绕员工的绩效评估结果，旨在通过经济利益的激励，激发员工的工作积极性与创造力。

在某财政税收部门，设立绩效奖金池，其资金来源与部门年度绩效目标完成情况挂钩。例如，若部门年度税收收入目标超额完成10%，且预算执行准确率达到98%，则根据预先设定的奖金池计算规则，从部门超额完成税收收入的一定比例（如10%）以及因预算执行准确而节省的资金中提取部分资金注入奖金池，使奖金池金额相应增加。员工个人奖金则依据其个人绩效评估得分在部门内进行分配。个人绩效评估得分采用综合评价方法，如结合360度评估得分与目标管理法评估得分，并根据不同岗位的权重设置进行加权计算。

以某税收征管员为例，在360度评估中，上级领导评价其在税收征管任务完成方面表现出色，给予90分；同事评价其团队协作良好，得分为85分；纳税人评价其服务态度和业务水平较高，评分为88分。在目标管理法评估中，其负责的税收征管区域税收收入完成率达到105%，税收流失率控制在2%以内，稽查案件结案率为92%，各项指标均表现优秀，目标管理法评估得分为95分。假设上级领导评价权重为40%，同事评价权重为30%，纳税人评价权重为 20%，目标管理法评估权重为 10%，则该税收征管员的个人绩效评估综合得分 =90×40% +85×30% +88×20% +95×10%=88.6 分。若部门内绩效评估综合得分的平均分为 80 分，奖金分配系数根据得分段设定，如 80~85 分对应系数为 1.2，85~90 分对应系数为 1.5，90 分以上对应系数为 2.0，则该税收征管员可获得高于平均水平的奖金系数，其奖金金额为平均奖金金额的 2.0 倍，从而充分体现了奖金制度对高绩效员工的激励作用，鼓励员工在工作中追求卓越绩效。

2. 福利改善

除了奖金，福利改善也是物质激励的有效手段，通过提供多样化、个性化的福利项目，满足员工不同层次的需求，增强员工对部门的归属感与忠诚度。

福利包括健康保险、带薪休假、员工食堂补贴等。例如，对于年度绩效优秀的员工，提供额外的商业健康保险套餐，在基本健康保险的基础上，增加高端体检项目，如全身肿瘤筛查、心血管疾病专项检查等，为员工及其家庭提供更全面的健康保障，提升员工的生活满意度。通过这些福利改善措施，从多个方面关心员工的生活福祉，营造良好的工作生活环境，进一步激励员工积极投入工作，为部门创造更大的价值。

（二）非物质激励

1. 荣誉称号

设立各种荣誉称号对绩效优秀的员工进行表彰，是一种重要的非物质激励方式，能够有效满足员工的尊重需求与自我实现需求，在部门内部营造积极向上的工作氛围与竞争环境。

例如，设立"年度财政税收之星""税收征管模范员工""财政政策研究尖兵"等荣誉称号。获得荣誉称号的员工在部门内部进行公开表彰，如在年度总结大会上，由部门领导亲自颁发荣誉证书，并在部门内部宣传栏展示其先进事迹，包括工作成果、创新举措、突出贡献等详细内容，同时通过内部刊物、部门网站等渠道进行广泛宣传。这一系列的表彰与宣传活动，使获得荣誉称号的员工成为部门内部的明星榜样，受到其他员工的敬仰与尊重，激发其他员工向他们学习的动力，在部门内形成比学赶超的良好工作氛围，促进整体工作绩效的提升。

2. 晋升机会

将绩效评估结果与晋升机会紧密挂钩，为员工提供广阔的职业发展空间与上升通道，是激励员工长期为部门服务并不断提升自我的重要举措。

在财政税收部门，对于在多个绩效评估周期中表现优异、具备较强综合能力的员工，优先考虑晋升到更高的岗位层级。例如，从基层税务科员晋升为税务分局副局长，需要员工在税收征管工作中积累丰富的经验，具备出色的业务能力、领导能力和团队管理能力。在绩效评估方面，不仅要求在税收收入完成、征管质量提升等业务指标上表现突出，还需在团队协作、沟通协调、问题解决等方面展现出卓越的领导才能。晋升过程遵循公平公正公开的原则，综合考虑员工的绩效表现、工作经验、专业技能以及领导能力等多方面因素。通常由部门成立专门的晋升评审委员会，对符合晋升条件的员工进行全面评估，包括审查绩效评估档案、组织面试、开展民主测评等环节，确保晋升的合理性与有效性，激励员工不断提升自我，追求更高的职业发展目标，同时也为部门选拔出优秀的管理人才，保障部门的持续健康发展。

第九章 财政税收精细化管理中的风险管理

第一节 财政风险识别与评估的精细化

一、财政风险的概念、类型与危害

财政风险是指在财政运行过程中，由于各种不确定性因素的影响，导致财政资金遭受损失或财政政策目标无法实现的可能性。这种不确定性贯穿于财政活动的各个关键环节，包括财政收入的筹集、财政支出的分配与使用、财政预算的平衡把控以及政府债务的管理与偿还等。

（一）财政收入风险

财政收入风险主要源于经济波动、税收政策调整以及非税收入的不确定性等因素。在经济周期波动中，经济衰退时期企业经营面临困境，市场需求萎缩，企业销售额与利润大幅下滑，直接导致企业所得税等税收收入锐减。例如，在 2008 年全球金融危机期间，众多制造业企业订单减少，开工率不足，企业盈利水平显著下降，使得相关地区的企业所得税征收额同比下降了20%~30%。

同时，居民收入水平在经济衰退时也会受到影响，消费能力减弱，间接影响增值税、消费税等税收的征收。如汽车、家电等耐用消费品行业消费市场低迷，增值税和消费税的计税基础缩减。税收政策的变动同样对财政收入产生直接且显著的影响。例如，政府为了刺激经济增长实施大规模减税政策，如将企业所得税税率从 25% 降低至 20%，这将在一定时期内减少财政收入的流入。

非税收入方面，土地出让金受房地产市场行情波动影响极大。当房地产市场处于低迷期，土地需求减少，土地出让价格下跌，土地出让金收入可能大幅下降。

（二）财政支出风险

财政支出风险表现为财政支出结构不合理、财政资金使用效率低下以及财政支出刚性增长等问题。一些地方政府在财政支出决策过程中，可能因追求短期政绩或受到特定利益集团的影响，过度倾向于基础设施建设等投资性支出，而忽视了教育、医疗、社会保障等民生领域的投入。例如，某些城市在地铁、桥梁等大型基础设施建设上投入大量资金，导致财政资金在教育资源均衡配置、基层医疗卫生机构建设与升级、社会保障体系完善等方面的投入相对不足，支出结构严重失衡。

财政资金在使用过程中，由于项目管理不善、预算编制不准确等，可能出现资金浪费、挪用等现象。在一些政府投资的公共项目中，因前期规划缺乏科学性与前瞻性，项目实施过程中频繁变更设计方案，导致工程延期，预算超支。例如，某城市的文化艺术中心建设项目，最初预算为 5 亿元，由于设计变更、施工管理混乱等问题，最终决算高达 8 亿元，资金使用效率低下。

此外，随着社会保障体系的不断完善、人口老龄化加剧以及公共服务需求的持续增长，财政在民生领域的支出呈现刚性增长态势。如养老金待遇的逐年提高、医疗保障范围的逐步扩大以及对低收入群体救助力度的增强等，都使得财政支出压力不断增大。以养老金支出为例，随着老年人口比例的上升，部分地区养老金支出占财政总支出的比例在过去十年间从 10% 上升到了18%，给财政支出带来了巨大的挑战与压力。

（三）财政债务风险

财政债务风险则是指政府债务规模过大、债务结构不合理以及债务偿还能力不足等问题。政府债务包括国债、地方政府债券、政府隐性债务等多种形式。当债务规模超过政府的承受能力时，可能导致政府违约风险增加，影响政府信用。

财政风险的危害是多方面且深远的。首先，财政风险可能导致财政赤字扩大，财政收支失衡加剧，影响政府的正常运转和公共服务的提供。政府在财政赤字过高时，可能不得不削减对公共服务领域的投入，如教育设施的更新维护、医疗服务的质量提升、公共交通的改善等，从而降低民众的生活质量与社会福利水平。

其次，财政风险会增加经济的不确定性，影响企业和居民的投资和消费信心，进而对宏观经济稳定造成负面影响。例如，政府债务违约可能引发金融市场动荡，导致利率上升、资产价格下跌。企业在融资成本增加和市场预期不稳定的双重压力下，会减少投资规模，推迟或取消新项目的上马，这将直接导致就业机会减少，经济增长放缓。居民在资产缩水和对未来经济预期悲观的情况下，也会减少消费支出，进一步抑制经济的活力与增长动力。

再次，财政风险还可能引发社会不稳定因素。如因财政资金不足导致社会保障待遇无法按时足额发放，低收入群体和弱势群体的基本生活保障将受到威胁；公共服务质量下降，如学校师资力量不足、医院医疗资源短缺等，容易引发民众不满情绪，影响社会和谐稳定，甚至可能引发群体性事件，破坏社会秩序与安宁。

二、财政风险识别的指标体系设计

（一）财政赤字率

财政赤字率是衡量财政收支平衡状况的核心指标之一，它反映了财政赤字占国内生产总值（GDP）的比重。其计算公式为：财政赤字率=（财政支出－财政收入）÷GDP×100%。财政赤字率越高，表明财政收支缺口越大，财政面临的风险也就越高。例如，某国在某年度财政支出为15万亿元，财政收入为13万亿元，当年GDP为100万亿元，则财政赤字率=（15-13）÷100 ×100%=2%。一般而言，国际上公认的财政赤字率警戒线为3%左右。当财政赤字率超过这一警戒线时，就需要引起高度关注，警惕财政风险的加剧。财政赤字率数据的获取主要依赖于政府财政部门公布的财政收支数据以及国家统计局公布的GDP数据。这些数据来源具有权威性和规范性，但在数据收集与整理过程中，需要注意数据的统计口径一致性、数据的准确性与完整性。例如，财政收入数据应涵盖所有纳入预算管理的税收收入与非税收入，财政支出数据应包括一般公共预算支出、政府性基金支出等各项支出，GDP数据应采用与财政收支数据统计时期相匹配的核算结果。

（二）债务依存度

债务依存度是指当年债务收入占财政支出的比重，它精准地反映了财政支出对债务收入的依赖程度。其计算公式为：债务依存度 = 当年债务收入 ÷ 当年财政支出 ×100%。债务依存度过高，意味着财政支出过度依赖债务融资，财政的自主性和稳定性将受到严重威胁。例如，某地方政府在某年度债务收入为 500 亿元，财政支出为 2000 亿元，则债务依存度 =500 ÷2000 × 100%=25%。通常情况下，中央政府的债务依存度合理范围在 20%~25% 之间，地方政府债务依存度应更低一些，以确保财政的稳健性与可持续性。

（三）偿债率

偿债率是指当年偿还债务本息额占当年财政收入的比重，它是衡量政府偿债能力的关键指标。计算公式为：偿债率 = 当年偿还债务本息额 ÷ 当年财政收入 ×100%。偿债率越高，政府的偿债压力越大，财政风险也就越高。例如，某省在某年度偿还债务本息额为 300 亿元，财政收入为 1500 亿元，则偿债率 =300 ÷1500 × 100%=20%。一般认为，偿债率的安全警戒线在 10%~15% 之间。相关数据可从财政部门和债务管理部门的统计资料中获取。财政部门在财政收入统计中，应确保收入数据的真实性与完整性，包括税收收入、非税收入以及转移性收入等各个方面。债务管理部门则需准确记录债务的偿还计划、偿还金额以及利息支出等信息，以便精确计算偿债率。在实际应用中，还需考虑债务的期限结构、利率水平等因素对偿债率的影响，例如，短期债务集中到期时，偿债率可能会在短期内大幅上升，增加财政风险压力。

（四）财政收入弹性系数

财政收入弹性系数是指财政收入增长率与 GDP 增长率之比，它深刻反映了财政收入增长对经济增长的敏感程度。计算公式为：财政收入弹性系数 = 财政收入增长率 ÷ GDP 增长率。当财政收入弹性系数大于 1 时，表明财政收入增长速度快于经济增长速度，财政收入状况较好；当财政收入弹性系数小于 1 时，说明财政收入增长滞后于经济增长，可能存在财政收入风险。例如，某地区某年度财政收入增长率为 8%，GDP 增长率为 10%，则财政收入弹性系数 =8% ÷ 10%=0.8。财政收入数据来源于财政部门的收入统计报表，涵盖了各类税收收入、非税收入的增长情况。GDP 数据则由国家统计局提供，在计算财政收入弹性系数时，需注意财政收入与 GDP 统计的时间周期一致性，以及对财政收入增长和 GDP 增长计算方法的准确性把握，避免因数据处理不当而误判财政收入风险状况。

（五）财政支出结构偏离度

财政支出结构偏离度是衡量财政支出结构合理性的重要指标，它通过计算各类财政支出占财政总支出的比重与相应的标准比重之差的绝对值之和来表示。计算公式较为复杂，假设教育、医疗、社会保障等民生支出的标准比重分别为 20%、15%、25%，某地方政府在某年度教育支出占财政总支出比重为 18%，医疗支出比重为 13%，社会保障支出比重为 23%，则财政支出结构偏离度 =（18%-20%）+（13%-15%）+（23%-25%）=-6%。偏离度越大，说明财政支出结构越不合理，可能存在支出风险。数据可从财政部门的支出明细统计中获取。在确定各类支出的标准比重时，需综合考虑国家政策导向、地区发展战略、人口结构特点等多方面因素，使标准比重具有科学性与合理性。同时，在计算财政支出结构偏离度时，要确保财政支出数据的分类准确、完整，避免因数据错误而导致对财政支出结构合理性的错误评估。

三、风险评估模型的构建原理与步骤

（一）基于多元线性回归模型的财政风险评估

1. 模型原理

多元线性回归模型是一种广泛应用于经济与金融领域的统计分析方法，其核心思想是通过建立多个自变量与一个因变量之间的线性关系，来揭示变量之间的内在联系与相互影响机制。在财政风险评估中,将财政风险指标(如财政赤字率、债务依存度等)作为因变量,把影响财政风险的各种因素(如经济增长率、通货膨胀率、利率等)设定为自变量。通过构建多元线性回归模型,深入分析这些因素对财政风险指标的影响程度,从而实现对财政风险大小的量化评估。

例如,假设财政赤字率(Y)与经济增长率(X_1)、通货膨胀率(X_2)、利率(X_3)存在线性关系,则模型可以表示为:$Y=\beta_0+\beta_1X_1+\beta_2X_2+\beta_3X_3+\varepsilon$,其中 β_0 为常数项,β_1、β_2、β_3 为回归系数,分别表示经济增长率、通货膨胀率、利率对财政赤字率的影响程度,ε 为随机误差项。β_1 的正负号反映了经济增长率与财政赤字率之间的正相关或负相关关系,其绝对值大小表示经济增长率每变动一个单位,财政赤字率相应变动的幅度;β_2 和 β_3 对于通货膨胀率和利率与财政赤字率的关系也具有类似的解释意义。通过对大量历史数据的回归分析,可以估计出 β_0、β_1、β_2、β_3 等参数的值,进而确定各因素对财政赤字率的具体影响模式与强度。

2. 构建步骤

数据收集与整理:广泛收集财政赤字率、经济增长率、通货膨胀率、利率等相关数据,数据来源应具有可靠性与权威性,如政府财政部门、统计部门、金融监管部门等。确保数据的准确性和完整性,对数据进行预处理,包括缺失值处理、异常值处理等。对于缺失值,可以采用均值填充、回归填充等方法进行处理;对于异常值,需根据数据的分布特征与实际经济意义进行判断与修正,例如,若某一年份的利率数据明显偏离其他年份且不符合当时的货币政策环境,则需进一步核实与调整。

模型设定:根据研究目的和数据特点,明确因变量和自变量,设定多元线性回归模型的具体形式。在选择自变量时,需遵循理论依据与实际经济意义相结合的原则,确保所选自变量与财政风险指标之间存在合理的逻辑联系。例如,经济增长率影响财政收入进而影响财政赤字率;通货膨胀率会影响财政支出的实际购买力以及税收收入的实际价值;利率则与政府债务融资成本密切相关,从而对财政赤字率产生影响。

参数估计:运用最小二乘法等成熟的统计方法对模型中的参数进行估计,得到回归系数的估计值。最小二乘法的基本原理是使得残差平方和最小,即通过优化算法找到一组回归系数，使得模型预测值与实际值之间的差异最小化。在估计过程中，需要借助专业的统计软件（如 Stata、R 等）进行计算与分析，同时对估计结果进行合理性判断，如检查回归系数的符号是否符合经济理论预期、参数估计值的大小是否在合理范围内等。

模型检验：对回归模型进行多重检验，以确保模型的有效性与可靠性。拟合优度检验（如 R^2 检验）用于衡量模型对数据的拟合程度，R^2 越接近 1，说明模型对数据的解释能力越强；F 检验用于检验整个模型的显著性，即判断自变量整体上对因变量是否有显著影响；t 检验用于检验各个自变量的系数是否显著不为零，若某个自变量的 t 检验不显著，可能意味着该变量在模型中并非关键因素，可以考虑剔除或进一步分析其不显著的原因。例如，若发现某一自变量的系数估计值虽然不为零，但 t 统计量较小，对应的 p 值大于设定的显著性水平（如 0.05），则需要重新审视该变量在模型中的作用与合理性。

模型应用：将估计得到的回归模型应用于财政风险评估实践。通过输入自变量的值，预测财政赤字率等财政风险指标的值，从而评估财政风险的大小。例如，已知某地区下一年度的经济增长率预计为 6%，通货膨胀率为 3%，利率为 4%，将这些值代入回归模型中，即可预测该地区下一年度的财政赤字率，进而根据预测结果判断财政风险状况。同时，在模型应用过程中，需关注模型的假设条件是否满足实际情况，如数据的独立性、同方差性等，若发现模型存在缺陷或局限性，应及时进行调整与改进。

（二）基于模糊综合评价模型的财政风险评估

1. 模型原理

模糊综合评价模型是一种基于模糊数学的综合评价方法，它能够有效地处理评价过程中的模糊性和不确定性问题。在财政风险评估中，首先确定评价因素集（即财政风险指标体系）和评价等级集（如低风险、较低风险、中等风险、较高风险、高风险），然后通过模糊变换将评价因素对各个评价等级的隶属度进行综合，得到被评价对象对各个评价等级的隶属度向量，从而确定财政风险的综合评价结果。

例如，设评价因素集 U={财政赤字率，债务依存度，偿债率，财政收入弹性系数，财政支出结构偏离度}，评价等级集 V={低风险，较低风险，中等风险，较高风险，高风险 }。通过专家评价或数据分析确定每个评价因素对各个评价等级的隶属度矩阵 R，矩阵中的元素 r_{ij} 表示第 i 个评价因素对第 j 个评价等级的隶属度（$0 \leq r_{ij} \leq 1$）。再根据各评价因素的重要程度确定权重向量 A，权重向量反映了各个评价因素在财政风险评估中的相对重要性。最后通过模糊合成运算 B=A。R 得到财政风险对各个评价等级的隶属度向量 B，其中 B 中的最大元素对应的评价等级即为财政风险的综合评价结果。模糊综合评价模型的优势在于它能够综合考虑多个评价因素的影响，并且能够处理评价过程中的模糊信息，使评价结果更加符合实际情况。

2. 构建步骤

（1）确定评价因素集和评价等级集

根据财政风险识别的指标体系确定评价因素集 U={ 财政赤字率，债务依存度，偿债率，财政收入弹性系数，财政支出结构偏离度 }，评价因素应涵盖财政收入、支出、债务等各个方面的关键指标，如财政赤字率、债务依存度、偿债率、财政收入弹性系数、财政支出结构偏离度等。根据财政风险的程度划分评价等级集 V={ 低风险，较低风险，中等风险，较高风险，高风险 }。例如，对于财政赤字率指标，可设定当财政赤字率在 0~1%（含）之间时为低风险，1%~2%（含）之间为较低风险，2%~3%（含）之间为中等风险，3%~5%（含）之间为较高风险，5% 以上为高风险；对于债务依存度，若中央政府债务依存度在 10%~15%（含）为低风险，15%~20%（含）为较低风险，20%~25%（含）为中等风险，25%~30%（含）为较高风险，30% 以上为高风险等，以此类推，为每个评价因素确定清晰的等级划分标准，使评价结果更具客观性和可比性。

（2）确定隶属度矩阵

通过专家评价、问卷调查或数据分析等方法，确定每个评价因素对各个评价等级的隶属度，构建隶属度矩阵 R。例如，对于财政赤字率指标，若根据专家判断，当财政赤字率在 0~1%（含）之间时，属于低风险，隶属度为 0.8；在 1%~2%（含）之间时，属于较低风险，隶属度为 0.6；在 2%~3%（含）之间时，属于中等风险，隶属度为 0.4；在 3%~5%（含）之间时，属于较高风险，隶属度为 0.2；在 5% 以上时，属于高风险，隶属度为 0。以此类推，确定其他指标的隶属度，构建出整个隶属度矩阵 R。在专家评价过程中，需邀请财政学、经济学、会计学等多领域的资深专家参与，确保专家意见的广泛性和专业性。对于问卷调查，要确保样本的代表性和随机性，以提高数据的可靠性。若采用数据分析方法，可利用历史数据和统计模型来确定隶属度，但需对数据进行充分的清洗和预处理，以避免数据噪声对结果的影响。

（3）确定权重向量：采用层次分析法（AHP）等方法确定各评价因素的权重向量 A。例如，通过 AHP 方法，构建判断矩阵，通过计算判断矩阵的最大特征根及其对应的特征向量，对特征向量进行归一化处理后得到各评价因素的权重向量。在构建判断矩阵时，需要对评价因素进行两两比较，比较的标准可采用 1—9 标度法，例如，若认为财政赤字率的重要性在整个财政风险评估中超过债务依存度，则可赋值为 3。通过这种方式，将专家或决策者对各因素重要性的定性判断转化为定量的数值，从而确定权重向量。在计算过程中，要对判断矩阵进行一致性检验，若一致性比率 CR 小于 0.1，则认为判断矩阵具有满意的一致性，否则需要调整判断矩阵，直至满足一致性要求，以保证权重确定的合理性和科学性。

第二节　税收风险应对策略的精细化

一、税收风险应对的理论框架与策略分类

税收风险应对基于风险管理的核心理念，旨在运用系统、科学的方法对税收征管活动中的各类风险进行识别、评估，并进而采取针对性措施予以处置，以保障税收收入的稳定足额征收以及税收征管秩序的合法合规性。其理论框架涵盖风险识别、风险评估、风险应对策略选择与实施以及后续的监控与反馈等一系列相互关联且逻辑严密的环节。

在风险识别阶段，税务机关借助多种数据源与分析工具，如纳税人申报数据、财务报表信息、第三方数据（工商、银行、海关等）以及数据挖掘技术，探测可能存在的税收风险疑点，例如，异常的税负率波动、收入与成本费用的不匹配、关联交易的不合规迹象等。风险评估则是在识别的基础上，依据既定的风险评估模型与指标体系，对风险发生的可能性、影响程度进行量化

或定性的判定，从而确定风险等级，为后续策略选择提供依据。

税收风险应对策略主要分为以下四类：

（一）风险预防策略

此策略聚焦于风险尚未实际发生之前，通过一系列主动且具前瞻性的举措，从源头上削弱甚至消除风险产生的潜在因素。这包括加强税收政策宣传与辅导，使纳税人深入理解并准确遵循税收法规，避免因无知或误解而产生的风险；完善税收征管制度，填补制度漏洞、优化征管流程并强化信息化建设，减少因征管体系缺陷诱发的风险；开展税收遵从合作计划，与纳税人建立互信合作关系，鼓励其自我规范纳税行为等。

（二）风险降低策略

当风险已处于发生过程中或不可避免地将要发生时，风险降低策略开始发挥作用。该策略旨在通过一系列的干预手段，如纳税评估、税务审计等措施，及时发现并纠正纳税人的违规纳税行为，调整税收征管措施以降低风险的影响程度与损失规模，确保税收流失被控制在最小范围内。例如，通过纳税评估发现企业存在的申报错误或税务处理不当问题，并及时辅导企业进行更正申报，补缴税款，从而避免风险进一步扩大引发税务稽查或法律纠纷。

（三）风险转移策略

风险转移策略在税收领域的应用相对较为有限，但在特定情境下仍具有一定的实践意义。其主要思路是通过合法的制度安排或契约设计，将原本由税务机关或纳税人承担的部分税收风险转移至其他主体。例如，在某些税收征管制度设计中，对于一些难以监管或风险较高的特定业务领域，通过要求纳税人提供担保、保险或引入第三方中介机构进行鉴证等方式，将部分风险转移至纳税人自身或其他专业机构，以减轻税务机关的风险压力并借助专业力量增强风险防控能力。

（四）风险接受策略

风险接受策略并非消极对待风险，而是在经过全面、深入的风险评估与权衡之后，基于成本效益原则做出的一种理性决策。当应对风险所需的成本（包括人力、物力、财力以及可能对经济社会产生的负面影响等）远远超过风险可能导致的税收损失时，税务机关或纳税人可能会选择暂时接受风险的存在，但这并不意味着放弃对风险的持续监控。例如，对于一些小型、低风险且征管成本过高的零散税源，在确保整体税收秩序稳定的前提下，可能会在一定时期内采取相对宽松的征管方式，但仍会通过定期的数据监测与风险预警，防止风险状况恶化。

这些策略并非孤立存在，而是相互交织、协同配合，共同构成一个有机的税收风险应对整体框架。税务机关在实际操作中，需依据不同的税收风险场景、风险等级以及资源配置状况，灵活且精准地选择并组合运用上述策略，以实现税收风险管理效能的最大化，达成在保障税收收入稳定增长的同时，维护公平公正税收征管环境与促进经济社会健康有序发展的多重目标。

二、风险预防策略

（一）加强税收政策宣传与辅导

1. 操作方法
（1）多渠道宣传

税务机关官方网站作为核心信息发布平台，需构建分类清晰、易于检索的税收政策数据库。不仅发布政策原文，还应配备详细的政策解读文档、政策实施细则、常见问题解答（FAQ）以及相关案例分析等丰富资料。例如，针对新出台的企业所得税优惠政策，网站应设置专门页面，从政策背景、适用范围、计算方法、申报流程等多维度进行解读，并列举不同行业、不同规模企业的实际应用案例，便于纳税人对照自身情况理解。同时，网站应具备智能搜索功能，纳税人输入关键词即可快速定位所需政策信息。

微信公众号和微博等社交媒体平台则注重信息的时效性与互动性。除定期推送政策图文消息外，还可制作短视频、动画等多媒体内容，以更生动形象的方式传播税收政策。例如，制作"三分钟读懂增值税发票新规"的动画视频，将复杂的发票开具、使用、管理规定以通俗易懂的动画形式展现，提高纳税人的学习兴趣与理解效率。此外，通过设置话题讨论、在线问答等互动环节，及时解答纳税人的疑问，增强与纳税人的沟通交流。

手机短信推送作为一种直接有效的方式，应建立精准的纳税人短信分类群组。根据纳税人所属行业、规模、纳税信用等级等因素，将纳税人划分为不同群组，针对不同群组推送与其密切相关的税收政策变更通知。例如，对于房地产开发企业群组，重点推送土地增值税清算政策调整通知；对于小微企业群组，则优先推送小微企业税收优惠政策延续或更新的消息。短信内容应简洁明了，突出政策关键要点，并附上官方网站或微信公众号的详细查询链接，引导纳税人进一步深入了解。

（2）举办专题培训

在培训课程设计方面，需深入调研不同行业、规模纳税人的实际需求与业务痛点。对于制造业企业，培训内容应涵盖从原材料采购环节的进项税额抵扣政策，到生产过程中的固定资产折旧与税收处理，再到产品销售环节的增值税、消费税计算与申报等全流程税收政策解析。同时，结合制造业企业常见的研发投入情况，详细讲解研发费用加计扣除政策的适用条件、核算方法、申报资料准备以及可能遇到的审核要点等。例如，在讲解研发费用加计扣除政策时，邀请专业的税务师或企业财务专家分享实际操作经验，分析典型案例中企业在研发人员人工费用、直接投入费用、折旧费用等方面的归集与分摊问题，以及如何应对税务机关的审核质疑。

对于小微企业，培训重点放在与日常经营密切相关的税收优惠政策上。除了讲解小型微利企业所得税减免政策的计算方法与申报程序外，还应涉及增值税小规模纳税人的征收率优惠、起征点政策调整以及相关发票使用规定等内容。培训形式可采用线上线下相结合的方式，线上课程便于小微企业主随时随地学习，线下集中培训则提供面对面交流与答疑的机会。例如，在小微企业集中的创业园区或孵化器，定期举办线下税收政策培训讲座，邀请税务干部现场授课，并设置互动答疑环节，解答企业主在实际经营中遇到的税收问题。

（3）个性化辅导

针对大型跨国企业集团，税务机关应组建由国际税收专家、税务稽查骨干、企业所得税专业人才等组成的多领域专业辅导团队。深入企业开展"一对一"定制化辅导服务，全面梳理企业的全球业务架构、跨境投资布局、关联交易安排等复杂业务情况，为企业提供国际税收筹划的合规性建议，协助企业解决跨境关联交易中的转让定价、预约定价安排、受控外国企业等复杂税收问题。例如，在辅导企业跨境关联交易税收处理时，团队成员依据企业提供的关联交易合同、财务报表、功能风险分析报告等资料，运用国际通行的转让定价方法（可比非受控价格法、再销售价格法、成本加成法等），对企业关联交易价格的合理性进行评估，并提出调整建议，确保企业在遵循国际税收规则的前提下，优化税务结构，降低税收风险。

对于新办企业，税务机关应建立从企业开办初期到步入正轨的全程跟踪辅导机制。在税务登记环节，为企业提供详细的登记流程指引，协助企业准备登记所需资料，确保登记信息准确无误。在发票领购环节，根据企业的业务类型与预计经营规模，为企业合理确定发票领购种类与数量，并讲解发票领购、开具、保管、缴销的全流程规范与注意事项。在首次纳税申报前，为企业提供纳税申报模拟演练服务，辅导企业填写各类纳税申报表，熟悉申报软件操作，讲解申报期限、申报数据来源与逻辑关系等关键要点，帮助新办企业顺利完成首次纳税申报，树立依法纳税的良好开端。

2. 适用场景

适用于各类税收政策更新频繁、纳税人对政策理解容易出现偏差或误区的情况。尤其是在重大税收政策改革时期，如营改增全面推开阶段，大量的原营业税纳税人需要适应增值税的全新征管模式和政策要求，加强税收政策宣传与辅导能够有效提高纳税人的遵从度，预防因政策不明导致的税收风险。

3. 实施要点

及时性：在税收政策出台后，税务机关应迅速启动宣传与辅导工作预案。第一时间在官方网站发布政策原文、解读文件及相关配套资料，并通过短信平台向纳税人发送政策变更通知，告知纳税人可获取详细信息的渠道。例如，在增值税税率调整政策发布后的 24 小时内，税务机关应完成官方网站政策更新、短信推送以及微信公众号和微博的首条政策推送消息发布，确保纳税人能够在第一时间知晓政策变化。同时，根据政策实施的时间节点，提前规划培训课程与辅导安排，在新的纳税申报期来临之前，为纳税人提供充足的学习与准备时间。

准确性：税务机关应组织由税收政策法规专家、业务骨干、高校学者等组成的专业审核团队，对宣传与辅导内容进行严格审核把关。审核过程不仅要确保对税收政策的解读符合法律法规的本意，还应结合实际案例进行分析验证，避免出现歧义或误导纳税人的情况。例如，在审核企业所得税优惠政策解读资料时，审核团队需对照政策原文，逐字逐句检查解读内容的准确性，同时参考以往类似政策执行过程中的案例经验，对可能引起纳税人误解的条款进行详细说明与举例论证，确保解读资料的权威性与可靠性。宣传资料在发布前应经过多轮内部审核与修改，并邀请部分纳税人代表进行试读与反馈，根据反馈意见进一步完善宣传内容。

针对性：税务机关应建立纳税人需求动态分析机制，通过大数据分析纳税人的行业属性、经营规模、纳税申报数据、历史咨询记录等信息，精准把握纳税人的个性化需求与关注点。根据不同纳税人的特点和需求，制定差异化的宣传与辅导策略。例如，对于高新技术企业，重点关注其研发创新环节的税收政策需求，围绕研发费用加计扣除、高新技术企业认定条件与税收优惠政策等内容开展宣传与辅导；对于房地产开发企业，聚焦于土地增值税清算、房地产预售收入纳税申报等热点难点问题，提供有针对性的政策解读与操作指南。同时，在宣传与辅导过程中，注重与纳税人的互动交流，根据纳税人的反馈及时调整宣传与辅导重点，提高工作效率和效果。

（二）完善税收征管制度

1. 优化征管流程

在税务登记环节，全面推行"多证合一、一照一码"制度，实现工商登记信息与税务登记信息的实时共享与自动采集。纳税人在办理工商登记时，只需填写一套申请表格，提交一次资料，工商部门审核通过后，相关信息自动推送至税务部门，税务部门据此生成纳税人识别号并完成税务登记，大大减少纳税人提交资料的数量和往返次数。同时，建立税务登记信息动态更新机制，当纳税人的工商登记信息发生变更（如经营范围、注册资本、法定代表人等）时，税务部门通过与工商部门的信息交换平台，及时获取变更信息并更新税务登记档案，确保税务登记信息的准确性与时效性。

在纳税申报环节，开发智能化申报系统，运用大数据、人工智能等技术，实现申报数据的自动预填与申报错误的智能提醒功能。系统通过与税务部门内部的征管信息系统、发票管理系统以及第三方数据平台（如银行、海关等）进行数据对接，自动获取纳税人的相关数据信息，如销售收入、进项税额、财务报表数据等，并根据税收政策法规和申报要求，自动预填纳税申报表的部分栏目。例如，对于增值税一般纳税人，系统可根据发票管理系统中的进项发票数据和销售收入数据，自动计算进项税额和销项税额，并预填到增值税申报表相应栏次。同时，系统内置申报错误检测模型，对纳税人提交的申报数据进行实时审核，一旦发现数据逻辑错误、政策适用错误或与第三方数据比对异常等情况，立即向纳税人弹出错误提示信息，并详细说明错误原因和修改建议，帮助纳税人及时纠正申报错误，提高纳税申报的准确性和效率。

2. 健全征管制度体系

建立健全涵盖税务登记、发票管理、纳税申报、税款征收、税务稽查等全流程的征管制度，明确各环节的操作规范和标准。在发票管理制度方面，加强对发票的印制、领购、开具、使用、保管和缴销等环节的全方位监管。例如，规定发票印制企业必须具备严格的安全保密措施和高质量的印刷工艺，确保发票的防伪性能；对发票领购实行分类分级管理，根据纳税人的纳税信用等级、经营规模、行业特点等因素，确定其发票领购数量和种类限制；在发票开具环节，要求纳税人严格按照发票管理办法的规定填写发票内容，如实反映交易事项，严禁虚开发票行为；加强对发票使用情况的日常检查和抽查，通过发票验旧购新、发票信息比对等手段，及时发现发票使用中的异常情况；对于发票保管和缴销，规定纳税人必须建立专门的发票保管档案，按照规定期限妥善保管发票，在发票缴销时，需提交详细的发票使用情况报告和剩余发票清单，经税务机关审核无误后办理缴销手续。

制定纳税评估工作规范，明确纳税评估的指标体系、方法步骤和结果处理。纳税评估指标体系应涵盖税负率、毛利率、成本费用率、存货周转率等多个财务指标以及发票开具与取得情况、申报数据与第三方数据比对情况等非财务指标。例如，通过计算纳税人的增值税税负率，并与同行业平均税负率进行比对，若税负率明显偏低且无合理理由，可能存在少缴增值税的风险。纳税评估的方法步骤包括数据采集、指标分析、疑点筛选、约谈举证、实地核查等环节。在数据采集阶段，广泛收集纳税人的申报数据、财务报表数据、发票数据以及工商、银行、海关等第三方数据；在指标分析环节，运用统计学方法和数据挖掘技术对采集的数据进行分析，筛选出纳税申报异常的纳税人作为评估对象；对于存在疑点的纳税人，通过约谈举证的方式，要求纳税人对疑点问题进行解释说明，并提供相关证明材料；若约谈举证仍不能排除疑点，则进行实地核查，深入纳税人的生产经营场所，核实其实际经营情况、财务核算情况与申报数据是否一致。纳税评估结果处理根据评估情况分别采取不同措施，对于评估发现的一般性问题，如申报错误、计算失误等，辅导纳税人自行更正申报，补缴税款；对于存在偷逃税嫌疑的重大问题，移交税务稽查部门进一步查处。

3. 适用场景

适用于税收征管过程中存在制度漏洞、流程烦琐、信息不畅等问题导致税收风险增加的情况。例如，在一些新兴行业或商业模式（如电子商务、共享经济）兴起时，原有的税收征管制度可能无法有效覆盖，需要及时完善征管制度，以适应新经济业态的发展，预防税收流失风险。

4. 实施要点

（1）前瞻性

税收征管制度的完善应具有前瞻性，能够预见税收征管中可能出现的新问题、新挑战，并提前制定应对措施。随着数字经济的蓬勃发展，如数字货币的逐渐普及、虚拟资产交易的日益活跃，税务机关应提前开展深入研究。对于数字货币，需明确其作为一种新型支付手段和价值储存形式，在交易环节如何确定应税行为、计税依据以及纳税申报方式等。例如，研究制定针对数字货币挖矿收益、交易差价所得的税收政策，以及如何通过区块链技术实现对数字货币交易的有效监管与税收征管信息采集。对于虚拟资产交易，如非同质化代币（NFT）交易，应提前思考如何界定其性质，是属于无形资产转让还是其他应税项目，以及如何在其交易平台建立代扣代缴机制，防止税收流失。同时，密切关注全球税收征管领域的最新动态与趋势，如经济合作与发展组织（OECD）提出的"双支柱"国际税收改革方案，及时借鉴国际先进经验，结合我国国情，提前规划我国税收征管制度的调整与完善方向，以应对跨国企业数字化经营带来的税收挑战，确保我国税收征管制度在全球税收竞争与合作中保持先进性与适应性。

（2）协同性

加强税务部门内部各科室之间以及与外部相关部门之间的协同配合，形成征管合力。在税务部门内部，征管部门、稽查部门、税政部门、纳税服务部门等应建立常态化的沟通协调机制。例如，征管部门在日常征管工作中发现纳税人存在重大税收风险疑点时，应及时将相关信息传递给稽查部门，稽查部门在完成案件查处后，应将案件处理结果及发现的征管制度漏洞反馈给征管部门和税政部门，以便及时完善征管制度和税收政策。税政部门在制定新的税收政策时，应充分征求征管部门和纳税服务部门的意见，确保政策的可操作性和纳税人的可接受性。纳税服务部门应将纳税人在办税过程中遇到的问题和诉求及时反馈给其他部门，为优化征管流程和完善政策提供依据。在与外部相关部门协作方面，税务机关应与工商部门建立企业登记信息共享与联合监管机制，定期开展数据比对与信息交换，共同打击虚假注册、无证经营等违法行为，维护市场主体登记秩序和税收征管秩序。与银行部门建立深度合作关系，除了共享纳税人资金交易信息外，还应共同探索防范企业通过银行账户进行非法资金转移、洗钱等违法活动与税收逃避行为的有效措施。例如，联合开展对企业大额资金交易的监测与分析，对于资金流向异常且存在税收风险疑点的企业，及时进行调查核实。与海关部门加强进出口货物监管与税收征管协作，建立联合风险防控机制，通过信息共享、联合执法等方式，共同打击进出口环节的走私、骗税等违法犯罪行为。例如，在跨境电商领域，税务机关与海关部门应协同作战，加强对跨境电商企业进出口货物的申报数据审核、物流信息比对以及税收征管，防止企业通过低报价格、伪报货物品名等手段逃避关税和增值税。

（3）动态性

税收征管制度应根据经济社会发展变化和税收征管实践的需要，不断进行调整和完善。随着我国经济结构的不断调整与转型升级，如服务业比重的持续上升、新兴产业的快速崛起以及传统产业的数字化改造等，税收征管制度应及时跟进。例如，针对服务业中新兴的平台经济模式，如外卖配送平台、网约车平台等，应根据其业务特点和盈利模式，适时调整税收征管政策，明确平台企业与服务提供者之间的税收关系，规范平台企业的代扣代缴义务和纳税申报行为。在税收征管体制改革不断推进的过程中，如国地税合并后的职能整合与业务流程优化，应及时修订相关的征管制度，确保改革的顺利实施。例如，重新制定税务机关内部各部门的职责分工与工作流程规范，明确在税收征管各环节中不同部门的协作方式与责任界限，提高税收征管工作效率和质量。同时，根据税收征管实践中发现的新问题、新情况，如纳税人利用税收优惠政策漏洞进行避税的新手段、新方式，及时对税收征管制度进行补丁式完善，堵塞漏洞，防范税收风险。定期对税收征管制度进行全面评估与审查，广泛征求纳税人、税务中介机构、专家学者等社会各界的意见和建议，根据评估结果和反馈意见，有针对性地对征管制度进行修订和优化，使税收征管制度始终保持与经济社会发展相适应的动态平衡状态，保障税收征管工作的科学性、有效性和公平性。

三、实际税收风险案例分析

（一）案例背景

某大型制造企业 A 公司，主要从事机械设备的生产与销售，年销售额达 10 亿元以上。在一次税收风险排查中，税务机关通过数据分析发现 A 公司存在以下疑点：一是企业的增值税税负率连续两年低于同行业平均水平 3 个百分点；二是企业的研发费用加计扣除金额较大，但研发项目的相关资料不够完善；三是企业存在大量的关联交易，且关联交易价格的合理性存在疑问。

（二）风险应对过程

1. 纳税评估阶段

数据采集与分析：税务机关收集了 A 公司近三年的税务登记信息、纳税申报数据、财务报表数据、发票开具与抵扣数据以及从工商、银行等部门获取的第三方信息。通过分析发现，A 公司的原材料采购发票进项税额较大，但同期销售收入增长幅度相对较小，导致增值税税负率偏低。同时，其研发费用的列支项目繁杂，部分费用的归集和分摊依据不够清晰，难以准确判断是否符合加计扣除政策要求。对于关联交易，A 公司与多家关联企业之间存在频繁的货物购销和资金往来，但未提供充分的同期资料证明交易价格的公允性。

案头审核：税务机关对 A 公司的申报资料和财务报表进行详细审核。在审核增值税申报时，发现企业部分进项税额抵扣凭证存在填写不规范的情况，且有几笔大额进项税额的货物采购业务真实性存疑。对于研发费用加计扣除，审核人员发现企业在研发人员人工费用的核算上，将部分非研发人员的工资也纳入了加计扣除范围，违反了相关政策规定。在关联交易方面，审核人员发现企业与关联方之间的销售价格明显低于市场价格，且无合理的商业理由解释。

实地核查：基于案头审核的疑点，税务机关对 A 公司进行了实地核查。在企业的生产车间，核查人员发现企业的实际生产规模和产能利用率与申报的销售收入数据不匹配，进一步印证了销售收入可能存在低估的嫌疑。在财务部门，核查人员查阅了企业的原始凭证、账簿记录和合同文件，发现企业在关联交易中存在通过不合理定价转移利润的行为，将部分利润转移至位于低税率地区的关联企业，以减少整体税负。对于研发费用，实地查看了企业的研发项目现场，发现部分研发设备的使用记录与申报的研发时间和项目不符，存在多列支研发费用的情况。

评估处理：经过纳税评估，税务机关认定 A 公司存在少缴增值税、企业所得税的问题。对于增值税，由于进项税额抵扣不规范和销售收入低估，要求企业补缴增值税税款 800 万元，并加收滞纳金。对于企业所得税，因多列支研发费用和关联交易转移利润，责令企业调增应纳税所得额 5000 万元，补缴企业所得税 1250 万元，并根据相关规定给予行政处罚 300 万元。同时，税务机关对 A 公司进行了税收政策辅导，要求企业规范财务核算和纳税申报行为，加强关联交易管理，并在今后的研发费用加计扣除申报中提供完整、准确的资料。

2. 税务稽查阶段（因纳税评估发现重大违法嫌疑）

选案：由于在纳税评估中发现 A 公司存在严重的税收违法嫌疑，税务机关将其列为重点稽查对象，成立专门的稽查专案组进行深入调查。

检查：稽查专案组对 A 公司展开全面检查。除了进一步核实纳税评估中发现的问题外，还对企业的其他税收事项进行了详细审查。在检查过程中，发现 A 公司还存在未按规定代扣代缴个人所得税的问题，涉及金额 200 万元。

同时，企业在出口退税申报中，存在虚报出口货物价格、骗取出口退税的行为，骗取退税款 500 万元。

审理：稽查部门将检查结果提交审理部门审理。审理部门对案件的事实、证据、法律适用和程序进行严格审查。经审理，认定 A 公司的税收违法行为事实清楚、证据确凿，依法作出税务处理决定和行政处罚决定。除了要求企业补缴上述税款、滞纳金和罚款外，对于骗取出口退税的行为，依法移送公安机关追究刑事责任。

执行：税务机关将税务处理决定和行政处罚决定送达 A 公司，并监督企业履行义务。A 公司在规定时间内补缴了部分税款和罚款，但对于骗取出口退税的罚款和应补缴的税款，以资金困难为由拒绝缴纳。税务机关依法采取强制执行措施，冻结了 A 公司的银行账户，查封了企业的部分固定资产，并将企业法定代表人列入税收违法"黑名单"，限制其高消费和出境。最终，A 公司在法律的威慑下，如数缴纳了所有税款、滞纳金和罚款，相关责任人也被依法追究了刑事责任。

（三）案例总结与启示

本案例中，A 公司因税收风险管控不力，导致出现严重的税收违法行为，给企业带来了巨大的经济损失和声誉损害。对于税务机关而言，通过纳税评估和税务稽查相结合的方式，有效地发现和查处了企业的税收违法问题，维护了税收征管秩序。从这个案例可以得到以下启示：

第一，对于企业来说，应高度重视税收风险防控，建立健全内部税收管理制度，加强财务核算和纳税申报的规范性。特别是对于大型企业，涉及的税收政策复杂，关联交易频繁，更应加强对税收政策的学习和理解，确保在合法合规的前提下进行经营活动。例如，在研发费用加计扣除方面，应严格按照政策要求进行费用归集和申报，避免因政策理解偏差或故意违规而导致的税收风险。

第二，税务机关在税收风险管理中，应充分利用大数据分析等现代信息技术手段，提高风险识别和筛选的精准度。通过多渠道采集数据，建立完善的风险指标体系，能够及时发现企业存在的税收异常情况，为后续的纳税评估和税务稽查提供有力支持。如在本案例中，税务机关通过对增值税税负率、研发费用加计扣除、关联交易等数据的分析，精准锁定了 A 公司的税收风险点。

第三，纳税评估和税务稽查应相互衔接、协同配合。纳税评估作为税收风险管理的前置环节，能够对企业的税收遵从情况进行初步筛查和分析，发现一般性问题及时辅导企业整改，对于发现的重大违法嫌疑则及时移交税务稽查部门进一步查处。税务稽查作为税收征管的最后一道防线，应严格依法依规进行执法，对税收违法行为进行严厉打击，形成强大的威慑力，促进企业提高税收遵从度。例如，在 A 公司的案例中，纳税评估为税务稽查提供了重要线索和基础资料，税务稽查则进一步深挖企业的税收违法问题，两者的有效配合确保了税收征管的有效性。

第三节　建立财政税收风险预警的精细化机制

一、财政税收风险预警机制的重要性与目标

财政税收作为国家经济运行的关键支撑，其稳定性与安全性直接关乎宏观经济的健康发展以及社会的和谐稳定。财政税收风险预警机制在这一背景下具有不可替代的重要性。

从宏观层面来看，有效的风险预警机制能够提前洞察财政税收体系中的潜在危机，为政府制定宏观经济政策提供关键依据。例如，在经济下行周期中，通过预警机制及时发现财政收入锐减的风险，政府可提前调整财政支出计划，避免大规模财政赤字的出现，从而稳定经济形势，防止因财政危机引发的系统性风险对整个国民经济造成冲击。

在微观层面，对于财政税收部门而言，该机制有助于提高财政资金的使用效率和管理水平。通过对税收征管过程中的风险预警，能够及时发现企业的纳税异常行为，减少税收流失，确保财政收入的稳定增长。例如，在企业所得税征管中，预警机制可及时察觉企业成本列支异常、利润转移等风险点，促使税务机关采取相应措施进行核查与纠正。

其核心目标在于实现对财政税收风险的及时、准确识别与预警，将风险

控制在萌芽状态或可承受范围内。具体而言，一是要具备敏锐的风险感知能力，通过科学合理的预警指标体系，精准捕捉财政税收运行中的各类异常信号；二是要实现预警信息的快速传递与广泛覆盖，确保相关部门与人员能够在第一时间接收到风险提示，并迅速做出反应；三是要通过持续的监测与反馈，为风险应对策略的制定与调整提供有力支持，形成一个完整的风险预警与应对闭环，保障财政税收体系的稳健运行。

二、税收风险预警指标

（一）税收负担率

税收负担率是指纳税人实际缴纳的税款占其应税收入的比重。对于企业所得税而言，计算公式为：企业所得税负担率＝企业实际缴纳所得税额÷企业应纳税所得额×100%。以某制造业企业为例，某年度实际缴纳企业所得税 500 万元，应纳税所得额为 2000 万元，则企业所得税负担率=500÷2000 ×100%=25%。不同行业的税收负担率存在差异，通过与同行业平均税收负担率进行对比，如果某企业的税收负担率明显偏离行业均值，可能存在纳税异常，如偷税、漏税或税收筹划过度等风险。

（二）税收增长率

税收增长率反映了税收收入的增长变化情况，公式为：税收增长率＝（本期税收收入－上期税收收入）÷上期税收收入×100%。例如，某地区增值税收入本期为 300 亿元，上期为 250 亿元，则增值税增长率＝（300-250）÷250 ×100%=20%。税收增长率的异常波动可能暗示经济形势变化、税收政策调整或税收征管问题。如税收增长率突然大幅下降，可能是由于企业经营困难导致纳税能力下降，或者税收征管出现漏洞，存在税收流失风险。

（三）税收遵从度

税收遵从度衡量纳税人遵守税收法律法规的程度，可通过纳税申报准确率、税款缴纳及时率等指标综合评估。以纳税申报准确率为例，某年度某地区税务机关抽查了 1000 份企业纳税申报表，发现其中有 80 份存在错误，则纳税申报准确率 =（1000-80）÷ 1000 ×100%=92%。较低的纳税申报准确率或税款缴纳及时率表明纳税人税收遵从度较低，可能存在故意或无意的纳税违规行为，增加税收征管风险。

（四）税收收入结构变动率

税收收入结构变动率用于分析不同税种收入在税收总收入中所占比重的变化情况，计算公式为：税收收入结构变动率 =（本期某税种收入占比 - 上期某税种收入占比）÷ 上期某税种收入占比 ×100%。例如，某地区营业税在营改增前占税收总收入的 20%，营改增后某年度下降至 5%，则营业税收入结构变动率 =（5%-20%）÷ 20% ×100% =-75%。税收收入结构的大幅变动可能反映经济结构调整、税收政策改革或税收征管重点变化，若变动异常，可能隐藏税收风险，如某些税种收入锐减可能导致财政收入不稳定，或新的税收征管漏洞出现。

三、预警阈值确定

预警阈值的确定需要紧密结合风险识别与评估的结果，并充分考虑地区经济特点、财政税收政策以及历史数据等多方面因素。

对于财政赤字率，如前所述，国际公认的警戒线为 3% 左右，但不同地区可根据自身债务规模、经济发展潜力和财政承受能力进行适当调整。例如，经济发达地区且债务管理较为规范的，可将预警阈值设定为略高于 3%，如 3.5%；而经济相对薄弱、债务负担较重的地区，则应将预警阈值设定得更低，如 2.5%。

偿债率的安全警戒线在 10%~15% 之间，具体阈值设定可参考地区债务结构、利率水平和财政收入增长预期。若地区债务以长期债务为主且利率较低，财政收入增长前景良好，偿债率预警阈值可适当提高至 15%；反之，若债务短期化、利率较高且财政收入增长乏力，则应降低至 10% 以下。

财政收入弹性系数的预警阈值可设定为 0.8~1.2。当财政收入弹性系数小于 0.8 时，提示财政收入增长可能滞后于经济增长，需关注税收征管和非税收入来源；大于 1.2 时，可能存在财政收入过度依赖特定行业或一次性因素，财政收入结构不稳定，也需进行风险评估。

在税收风险预警阈值方面，企业所得税负担率可根据行业平均水平确定上下浮动范围。如制造业企业所得税负担率行业平均水平为 20%~30%，则可将预警阈值设定为低于 15% 或高于 35%，超出该范围即提示可能存在纳税异常风险。

税收增长率预警阈值可结合地区经济增长率和税收政策预期设定。例如，某地区经济增长率长期保持在 6%~8%，税收政策稳定，若增值税增长率突然低于 2% 或高于 20%，则可能存在风险，需进一步分析原因。

纳税申报准确率预警阈值一般可设定为 90%~95%。低于 90% 则表明纳税申报错误较多，税收遵从度较低，可能存在较大税收征管风险。

税收收入结构变动率预警阈值根据不同税种的重要性和稳定性确定。对于主体税种，如增值税、企业所得税，变动率绝对值超过 20%~30% 时应予以预警；对于小税种，变动率绝对值超过 50%~100% 时进行预警，以便及时发现税收收入结构异常变化背后的风险因素。

四、实际风险预警案例展示精细化机制的运行过程

（一）案例背景

某省近年来经济增速放缓，财政收入增长面临压力，同时为了促进地方经济发展，加大了基础设施建设投资，导致债务规模不断上升。在这种背景下，财政税收风险预警机制的作用显得尤为重要。

（二）预警过程

1. 指标监测

财政税收风险预警系统实时监测该省的各项财政税收指标。在某季度末，系统发现财政赤字率达到 3.2%，接近设定的 3.5% 预警阈值；债务依存度为 23%，已超过设定的 20% 预警阈值；税收增长率仅为 3%，远低于预期的8%~10% 区间。

2.信息发布

预警系统立即通过短信通知财政部门领导、相关科室负责人以及涉及的债务管理部门人员，内容为"某省本季度财政赤字率3.2%，债务依存度23%，税收增长率3%，均接近或超过预警阈值，请关注并及时处理。[预警系统名称][发送时间]"。同时，在财政税收业务管理系统中弹出预警窗口，详细展示各项指标数据、历史趋势以及可能的风险影响。此外，还向相关人员发送了电子邮件，附上详细的风险分析报告，包括经济形势分析、财政收支结构分析、债务结构与偿还计划分析等，并提出了初步的应对建议，如优化财政支出结构、加强税收征管力度、调整债务融资策略等。

（三）反馈与应对

1.接收确认

相关人员在收到短信通知后，均在15分钟内回复短信确认收到预警信息。在系统弹窗和电子邮件的查看记录中，也显示相关人员及时进行了查看。

2.处理进度反馈

财政部门迅速成立风险应对小组，开始对风险进行处理。在处理过程中，每4小时向预警系统反馈处理进度。例如，税收征管部门反馈"已启动税收专项稽查行动，重点对建筑、房地产等行业进行稽查，目前已检查企业[具体数量]，发现部分企业存在税收申报不实问题，预计可增加税收收入[具体金额][反馈时间]"；财政支出管理科室反馈"正在对财政支出项目进行全面梳理，初步确定可削减的非必要支出项目[项目清单]，预计可减少支出[具体金额][反馈时间]"；债务管理部门反馈"已与金融机构协商，拟调整部分债务的还款期限和利率，降低短期偿债压力，目前正在进行合同修订谈判。[反馈时间]"。

3.处理结果反馈与评估

经过一个月的紧张处理，风险应对小组向预警系统提交处理结果反馈报告。报告显示，通过优化财政支出结构，削减了部分非急需的基础设施建设项目支出和一般性行政支出，共减少财政支出15亿元；税收专项稽查行动取得显著成效，查补税款及滞纳金8亿元，税收增长率逐步回升至6%；债务管理部门成功与金融机构达成协议，调整了30%债务的还款期限，平均延长

2年，利率降低1.5个百分点，债务依存度下降至20%以内，财政赤字率也回落到3%以下。预警系统组织专家对处理结果进行评估，认为此次风险应对措施有效，但也指出在税收征管的长效机制建设和财政支出项目的前期评估方面仍需进一步加强。例如，专家建议建立常态化的税收风险监控体系，加强对重点行业和企业的日常监管，避免税收风险的积累；在财政支出项目上，应完善项目可行性研究和效益评估机制，提高财政资金的使用效率。

第十章　财政税收精细化管理的发展趋势与展望

第一节　经济全球化对财政税收精细化管理的影响

一、经济全球化的主要特征与趋势

经济全球化是当今世界经济发展的显著特征，表现为各国经济在贸易、投资、金融等领域的深度融合与相互依存。在贸易方面，全球货物与服务贸易规模持续扩张，多边贸易体制不断发展，同时区域贸易协定蓬勃兴起，如欧盟内部的自由贸易区以及跨太平洋伙伴关系协定（TPP）等，促进了商品和服务在全球范围内的自由流动。据世界贸易组织（WTO）统计，近年来全球贸易总额以年均约 3%~5% 的速度增长，其中服务贸易的增速更为突出。

在投资领域，跨国公司的全球投资活动日益活跃，对外直接投资（FDI）流量不断攀升。跨国公司通过在全球范围内布局生产基地、销售网络和研发中心，实现资源的优化配置和成本效益的最大化。例如，一些大型科技企业如苹果公司，在全球多个国家设有生产工厂、零部件供应商以及销售网点，其全球产业链涵盖了从原材料采购、产品设计、生产制造到市场营销的各个环节。

金融全球化也在加速推进，国际资本流动更为频繁，规模巨大。各国金融市场之间的联系日益紧密，跨境金融交易迅速增长，包括股票、债券、外汇等各类金融资产的交易。国际货币基金组织（IMF）的数据显示，全球外汇市场日交易量高达数万亿美元，国际债券市场规模也持续扩大。

此外，信息技术的飞速发展为经济全球化提供了强大的技术支持，进一步推动了信息、技术、人才等生产要素在全球的快速流动与共享，使世界各国经济联系成一个日益紧密的整体，形成了全球统一的大市场和生产体系。

二、国际税收竞争对我国财政税收精细化管理的影响路径与作用机制

在经济全球化背景下，各国为吸引外资、促进本国经济发展，纷纷出台各种税收优惠政策，形成了激烈的国际税收优惠政策竞争局面。一些国家和地区通过降低企业所得税税率、提供税收减免、税收抵免等优惠措施，吸引跨国企业在本地设立生产基地或投资项目。例如，爱尔兰长期以来将企业所得税税率维持在较低水平，约为12.5%，吸引了众多国际知名科技企业如谷歌、微软等在该国设立欧洲总部或数据中心，享受低税率带来的税收成本优势。

这种国际税收优惠政策竞争对我国财政税收精细化管理产生了多方面的影响。一方面，我国在吸引外资方面面临着较大的竞争压力。为了保持对跨国投资的吸引力，我国需要在税收优惠政策的设计和实施上更加精细化。例如，我国在一些特定区域如经济特区、高新技术产业开发区等，也实施了有针对性的税收优惠政策，如对高新技术企业给予企业所得税减免、研发费用加计扣除等优惠。然而，在制定这些优惠政策时，需要精确评估政策的成本效益，避免过度优惠导致财政收入的减少，同时要确保优惠政策能够真正促进相关产业的发展和技术创新，提高资源配置效率。

另一方面，国际税收优惠政策竞争也可能引发税收套利行为。跨国企业可能利用各国税收优惠政策的差异，通过复杂的公司架构设计和关联交易安排，将利润转移到低税率国家或地区，从而减少全球总体税负。这就要求我国财政税收管理部门加强对跨国企业税收行为的监管，建立健全反避税机制，提高税收征管的精细化程度。例如，我国税务机关通过加强转让定价调查和调整，对跨国企业在华子公司与境外关联方之间的不合理定价行为进行审查，防止企业通过转移定价将利润转移出国，确保我国税收权益不受侵害。

三、跨国企业税收管理对我国财政税收精细化管理的影响路径与作用机制

（一）转让定价与跨境避税问题

跨国企业在全球经营过程中，常常通过转让定价手段进行跨境避税。转让定价是指跨国企业内部关联企业之间在商品、劳务、无形资产等交易中，通过人为抬高或压低交易价格，将利润从高税负国家或地区转移到低税负国家或地区，从而达到减少全球总体税负的目的。例如，某跨国集团在 A 国设有生产企业，在 B 国设有销售公司，A 国企业所得税税率较高，B 国税率较低。该集团可能将 A 国生产企业生产的产品以较低价格销售给 B 国销售公司，从而减少 A 国企业的利润，增加 B 国销售公司的利润，实现整体税负的降低。

这种转让定价与跨境避税行为对我国财政税收精细化管理提出了严峻挑战。我国作为全球重要的投资目的地和市场，吸引了大量跨国企业投资。为了有效应对这一问题，我国税务机关不断加强转让定价管理。首先，完善转让定价法规制度，明确了关联企业的认定标准、转让定价的调整方法等。例如，我国规定了可比非受控价格法、再销售价格法、成本加成法等多种转让定价调整方法，为税务机关在实际监管中提供了明确的法律依据。

其次，加强转让定价调查与审计力度。税务机关通过对跨国企业关联交易数据的收集、分析和比对，筛选出存在转让定价风险的企业进行重点调查。例如，对一些利润率明显低于同行业平均水平、关联交易频繁且交易金额较大的企业进行深入审计，要求企业提供详细的关联交易资料，包括交易合同、发票、财务记录等，以核实其转让定价的合理性。一旦发现企业存在不合理的转让定价行为，税务机关将依法进行调整，追征税款，维护我国税收权益。

同时，我国也积极参与国际税收合作，与其他国家税务机关开展双边或多边的转让定价信息交换与合作。例如，通过签订税收情报交换协定，我国税务机关可以获取跨国企业在境外关联方的相关财务信息和交易数据，为准确判断企业转让定价行为的合理性提供有力支持，提高了我国在跨国企业税收管理方面的国际协作水平和监管能力。

（二）跨境电商税收管理

随着互联网技术的发展，跨境电商业务迅速崛起，给我国财政税收精细化管理带来了新的难题。跨境电商具有交易主体分散、交易环节虚拟化、交易数据海量且难以获取等特点。例如，大量的中小微跨境电商企业通过网络平台直接向境外消费者销售商品，交易过程中可能涉及多个国家的税收管辖权问题，且这些企业的财务核算和纳税申报往往不够规范。

我国为加强跨境电商税收管理，采取了一系列精细化措施。一是完善跨境电商税收政策法规。明确了跨境电商零售进口商品的税收政策，规定了关税、进口环节增值税和消费税的征收标准和征管方式。例如，对于跨境电商零售进口商品，在一定限额内免征关税，进口环节增值税和消费税按法定应纳税额的70%征收，既促进了跨境电商行业的发展，又保障了国家税收权益。

二是加强跨境电商平台的税收监管。要求跨境电商平台承担一定的税收协助义务，如对平台内商家的身份信息、交易数据进行登记和保存，定期向税务机关报送相关信息。例如，某知名跨境电商平台按照税务机关要求，建立了完善的商家信息管理系统，能够实时监控商家的交易活动，并每月向税务机关报送平台内商家的销售数据、订单信息等，为税务机关对跨境电商税收的征管提供了数据基础。

三是利用大数据和信息化技术提升跨境电商税收征管能力。税务机关通过与海关、商务等部门的数据共享与协作，建立跨境电商税收大数据监控平台，对跨境电商交易数据进行实时采集、分析和比对，实现对跨境电商税收的精准监管。例如，该平台可以通过对跨境电商企业的物流信息、支付信息和报关信息的整合分析，准确掌握企业的进出口业务情况，及时发现税收风险点，如低报价格、虚报数量等问题，并采取相应的征管措施，有效防止跨境电商税收流失。

第二节　国内经济转型下精细化管理的新方向

一、国内经济转型的内涵与主要任务

我国经济从高速增长向高质量发展转型，其内涵丰富且深刻。这意味着经济发展不再单纯追求速度与规模的扩张，而是更加注重发展的内涵与品质。在创新驱动方面，强调依靠科技创新提升全要素生产率，推动产业结构优化升级，从传统产业向高端制造业、现代服务业以及战略性新兴产业转变。例如，我国制造业正从劳动密集型的加工制造向数字化、智能化、自动化的先进制造模式迈进，如 5G 技术在工业互联网中的应用，大幅提高了生产效率与产品质量。

在绿色发展上，将生态环境保护与经济发展深度融合，摒弃以牺牲环境为代价的发展模式。把资源节约、环境友好作为发展的重要约束条件，积极推动节能减排、发展可再生能源、加强生态修复等工作。例如，我国近年来大力推进新能源汽车产业发展，减少传统燃油汽车的尾气排放，同时加大对太阳能、风能等清洁能源发电项目的投资与建设，逐步提高清洁能源在能源消费结构中的比重。

区域协调发展也是重要任务之一，旨在缩小区域之间在经济总量、人均收入、基础设施建设、公共服务水平等方面的差距。通过加强中西部地区的基础设施建设、产业扶持、人才引入等措施，促进区域间要素合理流动与均衡配置，实现全国共同发展。如我国实施的西部大开发战略，在过去几十年间，使西部地区的交通、通信等基础设施得到极大改善，一些特色产业如旅游业、特色农业等蓬勃发展，带动了当地经济增长与居民收入提高。

二、创新驱动发展方面财政税收精细化管理的切入点与着力点

研发费用加计扣除政策是激励企业创新的重要财政税收手段。在政策精

细化优化方面，首先，要进一步明确加计扣除的范围。例如，对于企业研发过程中的间接费用，如研发设备的维护费、研发场地的租赁费等，应制定更为详细的扣除标准与认定方法。以某高新技术企业为例，其每年在研发设备维护上的支出约占研发总费用的10%，若能精准确定这部分费用的加计扣除标准，将有效提高企业享受政策优惠的准确性与积极性。

其次，简化加计扣除的申报流程。目前，部分企业反映申报手续烦琐，需要提交大量的资料与证明文件，耗费企业人力与时间成本。应建立统一的研发项目认定平台，实现企业研发项目信息的一次性录入与多部门共享。例如，税务部门与科技部门可通过该平台联合对企业研发项目进行认定，企业只需在平台上上传基本的项目资料，如项目计划书、研发人员名单等，相关部门即可在线审核，审核通过后企业在申报纳税时自动享受加计扣除优惠，大幅提高政策实施效率。

最后，根据企业规模与行业特点实行差异化的加计扣除政策。对于初创型的科技企业，由于其资金相对紧张，可适当提高加计扣除比例，如从现行的75%提高到100%，助力其在起步阶段加大研发投入。而对于成熟的大型企业，可在加计扣除的基础上，增加对研发成果转化的奖励性税收优惠。如某大型医药企业，在研发出新型药品并成功上市后，根据其药品销售额给予一定比例的税收减免，激励企业加快研发成果的产业化进程。

三、绿色发展方面财政税收精细化管理的切入点与着力点

在环境税政策完善方面，一是合理调整环境税税率结构。根据不同污染物的危害程度、治理成本以及环境承载能力，实行差别化税率。例如，对于二氧化硫、氮氧化物等主要大气污染物，在空气质量较差的地区提高税率，以增强企业减排的动力。据统计，在某重污染城市实施提高二氧化硫环境税税率措施后，当地企业二氧化硫排放量在一年内下降了20%。

二是扩大环境税征收范围。将一些对环境有潜在重大危害但尚未纳入征收范围的污染物逐步纳入。如将塑料垃圾污染纳入环境税征收范畴，对生产、销售一次性塑料制品的企业按照其产量或销售量征收一定比例的环境税，促

使企业减少一次性塑料制品的生产与使用，推动塑料污染治理。

三是在征管创新上，加强环境税与其他环境监管制度的协同配合。建立税务部门与生态环境部门的信息共享与联动执法机制。例如，生态环境部门负责对企业污染物排放进行监测与核定，将相关数据实时传输给税务部门，税务部门依据这些数据进行环境税的征收。同时，对于未如实申报纳税或未有效减排的企业，两部门联合开展执法行动，加大处罚力度，确保环境税政策的有效实施。

四、区域协调发展方面财政税收精细化管理的切入点与着力点

首先，优化财政转移支付的结构。提高一般性转移支付的比重，增强中西部地区地方政府的财政自主性，使其能够根据当地实际需求安排财政支出。例如，在某西部省份，一般性转移支付占总转移支付的比例提高后，当地政府加大了对教育、医疗等民生领域的投入，新建了多所学校和医院，改善了当地居民的公共服务水平。

其次，建立基于区域发展绩效的专项转移支付分配机制。根据中西部地区在基础设施建设、产业发展、生态保护等方面的项目绩效来分配专项转移支付资金。例如，对于实施产业扶贫项目且带动贫困地区居民就业与增收效果显著的地区，在专项转移支付资金分配上给予倾斜，激励地方政府积极推动区域经济发展与民生改善。

最后，加强财政转移支付资金的监管。建立全过程的资金跟踪与绩效评估体系，从资金下达、使用到项目完成后的效益评估进行全面监管。例如，利用区块链技术对转移支付资金的流向进行实时跟踪记录，确保资金专款专用，防止资金被截留、挪用。同时，定期对项目绩效进行评估，如对中西部地区的交通基础设施建设项目，评估其是否达到预期的改善区域交通状况、促进区域经济交流的目标，根据评估结果调整后续转移支付资金的分配与管理策略。

第三节 未来财政税收精细化管理的创新策略

一、财政税收精细化管理创新的必要性与驱动力

在当今时代，财政税收精细化管理创新是适应快速变化的内外部环境的必然要求。从全球范围来看，数字化浪潮汹涌澎湃，不仅改变了经济运行模式，也重塑了社会治理结构。据统计，全球数字经济规模在过去十年间以年均超过 20% 的速度增长，这使得传统财政税收管理所依赖的经济基础和社会架构发生了深刻变革。例如，数字平台企业的崛起，打破了传统产业的地域限制和经营模式，其海量交易数据和复杂的价值创造过程，对税收征管的精准性和时效性提出了前所未有的挑战。

同时，社会公众对公共服务质量和公平性的关注度持续攀升，他们借助便捷的信息传播渠道，积极参与公共事务讨论并表达诉求。在财政资源分配方面，民众期望看到更加透明、合理且高效的配置结果，以满足多样化的社会需求，如教育资源的均衡分配、医疗卫生服务的普及与提升等。这就迫使财政税收管理必须创新，以增强社会公信力和满意度。

再者，国际竞争与合作的加剧也成为重要驱动力。各国在吸引优质资本、高端人才和创新资源方面展开激烈角逐，财政税收政策作为重要的竞争手段，需要不断创新优化。例如，一些国家和地区通过制定具有吸引力的税收优惠套餐，结合高效便捷的财政扶持措施，打造良好的营商环境，以提升自身在全球产业链中的地位。我国也需紧跟这一趋势，创新财政税收精细化管理模式，在国际竞争中抢占先机并实现可持续发展。

二、管理理念创新

（一）生态系统思维

财政税收不再被视为孤立的管理活动，而是融入整个经济社会生态系统

中。这要求管理者充分认识到财政税收与各产业、各市场主体以及社会民生之间相互依存和相互作用的关系。例如，在制定税收政策时，不仅要考虑税收收入目标，更要分析政策对相关产业上下游企业的生存发展、就业岗位创造、科技创新投入以及环境保护等多方面的影响。以新能源汽车产业为例，税收优惠政策的设计应综合考量对汽车制造企业、电池供应商、充电基础设施建设运营方等全产业链的激励作用，同时兼顾对传统燃油汽车产业转型的引导以及对空气质量改善和能源结构调整的贡献，从而促进整个产业生态的健康可持续发展。

（二）敏捷响应思维

面对瞬息万变的经济形势和社会需求，财政税收管理需要具备敏捷响应的能力。这意味着能够快速捕捉到经济运行中的异常波动、新兴产业的发展态势以及社会热点问题所蕴含的财政税收需求，并及时调整管理策略和政策措施。例如，在突发公共卫生事件期间，财政部门应迅速启动应急响应机制，及时调整预算安排，加大对医疗卫生物资生产企业的财政补贴力度，优化税收减免政策，以保障物资的充足供应和价格稳定。同时，税务部门简化相关企业的办税流程，开辟绿色通道，确保政策红利能够第一时间惠及企业，助力全社会共同应对。

三、管理技术创新

（一）量子计算与财政税收大数据分析

量子计算技术的飞速发展为财政税收大数据处理带来了全新的可能性。其超强的计算能力能够在极短时间内对海量财政税收数据进行深度挖掘和复杂分析。例如，在税收风险预测方面，量子计算可以处理数以亿计的企业纳税申报数据、财务报表数据以及市场交易数据等多源数据，构建更为精准的风险预测模型。通过对企业经营行为的全方位、多维度分析，准确识别潜在的税收风险点，如隐匿收入、虚增成本、关联交易违规等行为，提前预警并为税务部门制定针对性的征管措施提供科学依据。在财政预算优化方面，量子计算可对宏观经济数据、产业发展趋势数据以及财政支出效益数据等进行综合分析，模拟不同财政政策组合下的经济运行效果，从而制定出更加科学合理、精准高效的财政预算方案，提高财政资金的配置效率和使用效益。

（二）边缘计算助力税收征管智能化

边缘计算技术将计算和数据存储能力推向网络边缘，靠近数据源或用户端，在税收征管中具有广阔应用前景。在智能税务终端设备上应用边缘计算技术，可实现对纳税人实时交易数据的快速处理和初步分析。例如，在电子发票开具终端集成边缘计算芯片，能够在发票开具瞬间对交易信息进行合规性检查，如核对商品或服务名称、价格、数量等信息是否与预设的税收分类编码和税率匹配，及时发现并纠正错误信息，有效防止发票开具环节的违规行为。同时，边缘计算设备还可将处理后的数据进行初步筛选和整理，只将有价值的关键数据上传至云端税务数据中心，大大减轻了网络传输压力和云端数据处理负担，提高了税收征管系统的整体运行效率和响应速度。

四、管理模式创新

（一）场景化管理模式

根据不同的经济社会场景和纳税人需求，定制个性化的财政税收管理方案。例如，针对科技创新创业场景，构建专门的科技金融税收服务平台。在这个平台上，为初创科技企业提供一站式的财政税收服务，包括创业初期的研发费用加计扣除政策辅导与申报、天使投资税收优惠政策的落实、科技成果转化过程中的税收筹划建议以及企业成长过程中的财政补贴申请指导等。同时，平台与金融机构紧密合作，基于企业的纳税信用数据和创新能力评估结果，为企业提供便捷的融资渠道和风险投资对接服务，助力科技企业跨越成长过程中的资金瓶颈，促进科技创新成果的产业化转化。

（二）社群化治理模式

利用社交网络平台和在线社群的力量，构建财政税收治理的新型互动模式。例如，税务部门创建官方纳税服务社群，邀请纳税人、税务专家、财务专业人士以及社会公众代表加入。在社群内，及时发布税收政策解读、办税指南等信息，解答纳税人的疑问和困惑。同时，鼓励社群成员分享纳税经验、交流税收筹划思路，形成良好的互动学习氛围。此外，通过社群收集纳税人对税收政策和征管服务的意见和建议，开展民意调查和政策效果评估，使财政税收管理更加贴近实际需求，提高社会参与度和治理效能。

五、管理制度创新

（一）自适应税收法治体系建设

建立能够自动适应经济社会发展变化的税收法治体系。借助人工智能和大数据分析技术，实时监测经济新业态、新模式的发展动态，及时发现现行税收法律制度中的空白或不适应之处。例如，当共享经济、零工经济等新兴商业模式出现并迅速发展时，税收法治体系能够自动启动评估机制，分析其交易特点、收入来源和价值创造方式，快速制定相应的税收法规条款或政策解释，明确纳税义务人和征税对象，确定计税依据和税率标准，确保税收征管的合法性和公平性。同时，建立税收法律制度的动态更新机制，根据政策实施效果和社会反馈，定期对相关法律法规进行修订和完善，保持税收法治的与时俱进和适应性。

（二）全景式财政预算绩效管理

实施全景式财政预算绩效管理，将预算编制、执行、监督和评价全过程纳入绩效管理范畴。在预算编制阶段，运用成本效益分析、绩效目标设定等工具，对预算项目的必要性、可行性和预期效益进行全面评估，确保预算资金分配的科学性和合理性。例如，在大型基础设施建设项目预算编制中，不仅要考虑项目的建设成本，还要综合评估项目建成后的运营维护成本、对周边经济发展的带动效益、对生态环境的影响等多方面因素，制定详细的绩效目标和指标体系。在预算执行过程中，利用信息化技术对资金流向和使用进度进行实时监控，及时发现并纠正偏差，确保预算执行的合规性和有效性。

在预算监督阶段，引入第三方机构和社会公众监督，增强监督的独立性和公信力。在预算评价阶段，采用综合评价方法，对预算项目的经济效益、社会效益、环境效益以及可持续性等进行全面评价，评价结果与预算调整、部门考核以及资源分配挂钩，形成有效的激励约束机制，提高财政预算资金的整体绩效水平。

六、国内外前沿研究成果与创新试点案例展示未来创新策略的发展趋势

（一）国外案例

在新加坡，政府利用先进的数据分析技术和人工智能算法构建了财政收入预测系统。该系统整合了全球经济趋势数据、国内产业发展数据、企业财务数据以及居民消费数据等多源信息，能够准确预测不同经济情景下的财政收入规模和结构变化。例如，在国际贸易形势波动较大的时期，系统通过对全球贸易数据和国内进出口企业经营状况的实时分析，提前预估关税收入和企业所得税收入的变化趋势，为政府及时调整财政预算和税收政策提供了有力支持。同时，新加坡在税收征管中采用了基于区块链和智能合约的自动化纳税申报和缴纳系统。纳税人的交易数据通过区块链技术实现安全共享和自动验证，智能合约根据预设的税收规则自动计算应纳税额并完成税款缴纳，大大提高了税收征管的效率和透明度，降低了征纳双方的成本。

（二）国内案例

我国杭州市在财政税收管理中积极探索场景化管理模式和数字技术融合应用。例如，在城市数字化建设场景下，打造了"智慧财政"平台，为城市基础设施建设、数字经济产业培育等提供精准的财政支持和税收服务。在城市轨道交通建设项目中，"智慧财政"平台通过整合项目规划、预算编制、资金拨付、工程进度监控以及税收征管等多环节数据，实现了对项目全生命周期的精细化管理。利用大数据分析技术对项目成本进行精准核算，根据工程进度自动触发资金拨付指令，同时对建设过程中的税收事项进行实时监控和管理，确保项目资金的高效使用和税收合规。此外，我国海南省在自由贸易

港建设过程中，积极探索自适应税收法治建设。针对海南自由贸易港的特殊政策定位和新兴产业发展需求，制定了一系列具有创新性的税收法规和政策措施，如企业所得税优惠政策、离岛免税政策等，并建立了税收政策动态调整机制，根据自由贸易港建设进展和国内外经济形势变化，及时优化完善税收政策体系，为自由贸易港的建设和发展提供了有力的税收制度保障。

参考文献

[1] 王娟．财政税收工作深化改革路径探究 [J]．中国经贸导刊，2024（10）:4-6.

[2] 房洪娟．事业单位财政税收工作探析 [J]．财经界，2022（14）:134-136.

[3] 郭鹏霞．基于新时期事业单位财政税收工作分析 [J]．现代经济信息，2024，38（2）:31-33.

[4] 韩笑．医院财政税收工作存在的问题及深化改革分析 [J]．财经界，2024（16）:150-152.

[5] 王瑞能．深化事业单位财政税收工作改革的研究 [J]．投资与创业，2023，34（6）:168-170.

[6] 毕延路．医院财政税收工作现状及深化改革研究 [J]．财经界，2023（9）:12-14.

[7] 王甜甜．论财政税收工作存在的问题及深化改革建议 [J]．财经界，2023（33）:9-11.

[8] 李晓荣．浅谈新时期行政事业单位财政税收工作 [J]．财讯，2024（2）:4-6.

[9] 陈敏．基层财政税收工作存在问题及完善对策 [J]．财会学习，2021（13）:127-128.

[10] 刘静芳．财政税收工作现存问题及深化改革探究 [J]．中国市场，2021（25）:48-49.

[11] 李晓娜．事业单位财政绩效审计与财政税收工作的优化策略探讨 [J]．财经界，2024（14）:12-14.

[12] 孙红霞．财政税收工作深化改革的有效策略 [J]．中国乡镇企业会计，2020（6）:29-30.

[13] 王晓春．事业单位财政绩效审计与财政税收工作的优化策略探讨 [J]．财经界，2024（18）:150-152.

[14] 刘娟．乡村振兴战略下乡镇财政税收工作探讨 [J]．财经界，2023（31）:48-50.

[15] 倪一菡．财政税收工作存在的问题及深化改革探讨 [J]．知识经济，2021（2）:7-8.

[16] 王晓东．加强财政税收工作深化改革的分析研究 [J]．财讯，2021（6）:84.

[17] 肖雪冬．深化事业单位财政税收工作改革探究 [J]．现代经济信息，2023（1）:62-64.

[18] 王伟．基层财政税收工作存在问题及完善对策 [J]．财讯，2023（23）:4-6.

[19] 张宝荣．事业单位财政税收工作深化改革研究 [J]．财讯，2020（36）:60.

[20] 王珍．财政税收工作存在的问题及深化改革建议 [J]．财经界，2021（33）:166-167.

[21] 金红霞．讨论财政税收工作深化改革的有效机制与措施 [J]．中国民商，2021（7）:153, 155.

[22] 孙纯芹．浅谈财政税收工作存在的问题及深化改革建议 [J]．财讯，2021（24）:86-87.

[23] 谭均城．财政税收工作存在的问题及深化改革建议 [J]．现代经济信息，2023, 38（21）:46-48.

[24] 林玉冰．财政税收工作存在的问题及深化改革分析 [J]．财会学习，2020（13）:171, 173.

[25] 徐晓燕．地方财政税收工作深化改革的有效策略探究 [J]．财经界，2023（14）:12-14.

[26] 刘小丹．医院财政税收工作存在的问题及深化改革建议 [J]．财会学习，2023（32）:140-142.

[27] 吕兆娣．财政税收工作存在的问题及深化改革研究综述 [J]．百科论坛电子杂志，2020（12）:133.

[28] 刘双．财政税收工作存在的问题及深化改革 [J]．财经界，2021（26）:175-176.

[29] 卢文．财政税收工作现存问题及深化改革探究 [J]．中国市场，2022（20）:56-58.

[30] 吴平权．试论关于财政税收工作存在的问题及深化改革建议 [J]．财经界，

2020（13）:51–52.

[31] 赵靓 . 财政税收工作现存问题及深化改革路径探究 [J]. 经济师，2023
（10）:91–92.

[32] 徐全桢 . 论推进事业单位财政税收工作深化改革的有效路径 [J]. 南北桥，
2023（3）:43–45.

[33] 朱文霞 . 财政税收工作深化改革的有效策略 [J]. 财讯，2021（7）:91.

[34] 李光 . 探讨财政税收工作深化改革的有效策略 [J]. 财经界，2021（21）:169–
170.

[35] 冯竞辉 . 财政税收工作深化改革的有效策略探讨 [J]. 财讯，2022（8）:73–75.

[36] 苏波 . 财政税收工作的必要性和应对策略 [J]. 中国民商，2020（11）:152，
177.

[37] 时春艳 . 财政税收工作深化改革的问题及对策分析 [J]. 现代商业，2021
（23）:119–121.

[38] 李曼 . 论财政税收工作中存在的问题及有效策略 [J]. 财讯，2020（31）:86.

[39] 何新 . 论财政税收工作中存在的问题及有效策略 [J]. 财讯，2020（27）:77.

[40] 张淼 . 关于财政税收工作存在的问题及深化改革建议 [J]. 经济师，2022
（4）:130–131.